語感トレーニング

——日本語のセンスをみがく55題

中村 明
Akira Nakamura

Eurus
Notus
Boreas
Zephyrus

岩波新書
1305

はじめに

日本語の断面図

古い街並を歩いていると、城の石垣を映す堀端にビルが林立し、住宅街の白いフェンスの奥に古寺の五重塔が霞《かす》む。時代も様式も違う異質なものが折から漂う金木犀《きんもくせい》の匂いや遠い教会の鐘の音と溶けあい、渾然《こんぜん》とした雰囲気を形づくる。刺身もてんぷらもギョーザもカレーも日本人は国籍も問わず口に運ぶ。なにげなく口にすることばも、この国で生まれ育った純正種ばかりではない。生粋《きっすい》のやまとことばを軸に、各時代に伝わった漢語や外来語が混在する。そういう多様な文化がいつか自然に融合して一つのかたまりとなったのが日本語の現実である。

万葉集のころまでは「人」「山」「月」「花」「秋」といった和語一色だったが、奈良時代から平安時代にかけて中国文化とともに渡来した漢語が浸透し、今や借用語という意識が薄れて日本語の一つの顔になっている。

これが日本語を襲った最初の変化だとすれば、第二の変化は、ポルトガル語の「タバコ」「パン」、オランダ語の「コップ」「ゴム」「ペンキ」、スペイン語の「メリヤス」など、室町末期以降にキリスト教や鉄砲の伝来とともに生じた南蛮渡来の洋語の流入だ。

第三の大きな変化は、幕末から明治にかけて西洋の文化・文明が押し寄せ、「ワイフ」「ガソリン」「オペラ」など片仮名語が流入する一方、原語の意味を漢字の組み合わせで表す「科学」「哲学」「文化」などの新漢語が試作されて語彙がふくらんだことだ。

第四の変化は第二次世界大戦の終結とともに猛烈な勢いであふれ出した外国語、特に米語の大群だ。「オルガン」「ガス」は江戸期、「カメラ」「エネルギー」は明治期、「アマチュア」「ブルジョア」は大正期に輸入され、「ガレージ」「ラジオ」も戦前から使われていたが、戦後の現象は新しい概念を摂取する必要から生じたそういう外来語とは質が違う。「音楽家」より「ミュージシャン」、「店」より「ショップ」、「方策」より「ストラテジー」、「命名」より「ネーミング」、「手に入れる」より「ゲットする」を好むなど、斬新な響きに飛びつくファッション現象で、借りっぱなしで関税もかからない安あがりなおしゃれである。

外国籍に見えない隠れ外来種のことばも多い。和語に見える「絵」「菊」のような漢語もあり、「馬《うま》」「梅《うめ》」もマ・メに近い中国音からの転とされる。「寺」「村」は朝鮮語、「しゃけ」や「ししゃも」はアイヌ語から入ったという。漢語は和語以上に多様だ。「和尚」「旦那」は梵語《ぼんご》という古代インド語の中国での宛字、「牛乳」「作用」「電気」は欧米語の中国語訳らしく、「大根」「火事」「出張」は日本人の創作した漢語もどきの造語だ。

同じ外来語でも、輸入年代の違いに応じて「ストライキ」と「ストライク」、「ミシン」と「マシン」と姿を変えて別々の意味を分担する例もある。器用で加工上手な日本人は英語を部品にして「アフターサービス」「バックミラー」といった和製英語のみか、「テーマソング」「バレエシューズ」「カップラーメン」のような二カ国語を熔接した和製洋語まで造った。さらに「アクセス」「クリック」「サイト」「バーチャル」「食材」「脳死」「名水」「ＰＣ」「ＩＴ」のような時代語も続出するなど、日本語はつねに揺れ動いている。

このように日本人は、在来種の和語を基層とし、漢語や外来語、和製語や各時代の新語を外層とする、重層的な言語文化の中でものを見、感じ、考えてきた。そういう長い複雑な歴史を負って、現代日本語には、似たような意味で語感の違う広大な類義語の沃野が広がる。意味の微差を探り、語感のひだに分け入るのは、日本人の悦びであり、贅沢《ぜいたく》な悩みでもある。

「正確なことば」とは

伝えたい意味合いを正確に表し、それをこんな感触で相手に送り届けたいという、自分の気持ちにぴたりと合う、もっとも適切な表現を人はめざす。

正確なことばというのは、単に誤りを含んでいないというだけでは不十分だ。「休憩」か「休息」かと迷ったとき、両方やめて「休み」という語で間に合わせれば、そんな微妙な意味の違いに悩まずにすむ。「休み」には「休憩」も「休息」も含まれるから、たしかに間違いではないし、そういう把握が適切な場合もある。が、「休み」は、その「休憩」と「休息」だけではなく、「休暇」「休日」「休業」から「欠席」「欠勤」「欠場」までを含む広い意味のことばだ。そういう区別をせずに単に「休み」とするほうが適切な場合もあるが、それは、松も欅《けやき》も楓《かえで》も桜も白樺も無差別に「木」で片づけ、小腸と大腸どころか胃も肝臓も膵臓《すいぞう》も区別せずに「消化器」で間に合わせるような、そんな粗っぽさで現実を切り取ったことになる。

「些細《ささい》」と「瑣末《さまつ》」はどちらも、取るに足らないどうでもいいことを言うが、「些細」が細かすぎるところに重点があるのに対し、「瑣末」は本筋と無関係であるところに重点がある。「思い違い」と「考え違い」も似たような意味に見えるが、「思い違い」が事実と違うだけなのに対し、「考え違い」となると道理や道徳に反する感じに響く。「ちょっとした思いつきなんですが」と言うと謙遜した雰囲気が伝わるが、「ちょっとしたアイディアなんですが」と言うと自慢げに鼻をぴくつかせる感じも出る。恋人が作ってくれた料理を「おいしいチャーハンだね」とほめれば相手は素直に喜ぶだろうが、「おいしい焼きめしだね」と言うと、微妙な表情になるかもしれない。古風な「焼きめし」には、冷蔵庫の残り物を使ってこしらえたような連想を働かせる人もあるからだ。

どの例も意味そのもののずれは「些細」だが、ぴったりしたことばを使おうとするときに、こういう感じの違いを識別するのはけっして「瑣末」なこととはいえない。

力試しに

設問を用意して、そのへんを具体的に考えてみよう。

①「快調」「好調」「順調」、もっとも調子がいいのはどれでしょうか。

②次の文には、どの語がもっともよくあてはまるでしょうか。

部屋の前を通りかかったとき、つい二人の話を【立ち聞き　盗み聞き　盗聴】してしまった。

③次の文には、それぞれどちらの語がふさわしいでしょうか。

ア　西風をはらんで、帆が【ふくらんで　ふくれて】いる。

イ　食べ過ぎて腹が異様に【ふくらんで　ふくれて】いる。

①の答えは「快調」だろう。「快調」には「好調」の幅のうちでも特に上のほうをさす雰囲

気がある。「好調」の最高の段階をさす「絶好調」もあるが、どこか長続きしない感じがつきまとう。「順調」はもっとも幅が広く、「快調」や「絶好調」の段階も含めて使うことができる。

②はこの場合、偶然通り合わせたところに思わず立ち止まった感じなので、「立ち聞き」がふさわしい。「盗み聞き」というと計画的・積極的な感じがあり、「盗聴」には機械を用いて不当に探り取る感じが漂う。犯罪の雰囲気がもっとも色濃く漂うのはもちろん「盗聴」である。

③の「ふくれる」「ふくらむ」はどちらも内側から外側に向かって大きくなる様子をさす。しかし、「ふくれる」の場合は、均衡のとれない不自然さや異常さ、時には病的な感じを伴う膨張をさすことが多い。少女の胸が「成長にしたがってふくらみを帯びてきた」ならば喜ばしいが、「ふくれ」となったら、すぐ病院で診察を受けたほうがいいような雰囲気に変化する。そのため回答は、アは「ふくらんで」、イは「ふくれて」となる。

日本語の感触はこのように微妙である。

「意味」と「語感」との関係

話すときも書くときも、表現者は二つの別の方向から最適なことばに迫る。何を伝えるかという意味内容の選択と、それをどんな感じで相手に届けるかという表現の選択である。芸術における素材と手法という関係に似ているかもしれない。

「教員」「教師」「教官」「教授」「教諭」「先生」「師匠」はどれも、ものを教える立場の人をさすが、それぞれの語のさす対象や範囲にはずれがある。「時間」と「時刻」、「女子」と「女性」と「婦人」、「ふれる」と「さわる」、「疲れる」と「くたびれる」、「美しい」と「きれいだ」のような似た意味のことばでも、細かく調べるとそれぞれの用法には違いがあり、日本人はその微妙な意味の差に応じて使い分けていることがわかる。

一方、「ふたご」と「双生児」、「あした」と「あす」と「明日《みょうにち》」、「親戚」「親族」「親類」「縁者」「身内」「身寄り」などには、はっきりとした意味の違いがほとんどない。が、いつどれを使ってもいいわけではない。場面や状況によってそれぞれ適不適があり、感じの違いもある。日本人は意味の微差だけでなく、そういう微妙な感覚の違いに応じた使い分けにも細かく神経をつかう。

この本では世間一般の用語に従って、その二つの面を「意味」と「語感」と呼び分ける。「意味」はその語が何を指し示すかという論理的な情報を伝えるハードな面であり、「語感」はその語が相手にどういう感触・印象・雰囲気を与えるかといった心理的な情報にかかわるソフトな面での表現選択だ。前者の選択があまいと意味があいまいになり、後者の選択を誤ると思わぬ違和感や時には不快感を招きかねない。

とはいえ、「意味」と「語感」には連続的な部分があり、現実には明確な区別のむずかしい例も多い。「語感」というものにそういう微妙な「意味」の問題をも含めて、「ニュアンス」ということばで表現することもある。

語感のトレーニング

伝えたい内容を意図どおりの感じで相手に送り届けるため、だれでも無意識のうちにこのハードとソフトの両面から表現をしぼっている。瞬時に決定しなければならない会話などでは、「……と言うか」「何と申しましょうか」などといった形で、その迷い自体がことばの形で現れるケースもある。言語表現のプロに近づくほど、意味も語感も最適な一つのことばを早く的確に選び出すようになる。それが日本語のセンスである。

こうしたことばに対するセンス、すなわち、類義語や関連語の微妙なニュアンスなどを識別する能力としての〈言語感覚〉はどのようにして生まれ育ち、みがかれるのだろう。名文の評価高い永井龍男の短編『そばやまで』は「住《すま》いのことでは、一時《いっとき》思い屈した」という一見何でもない短い一文で始まる。「家」でも「住居」でも「住宅」でもなく「住い」とあり、「一時《いちじ》」でも「ひところ」でも「ある時期」でもなく「一時《いっとき》」とあり、「弱った」でも「困った」でも「参った」でも「悩んだ」でも「憂鬱になった」でもなく「思い屈した」とある。

その場にぴたりとはまり、自分の気持ちにしっくりと来る最適の語が選ばれているのだろう。

そういう選択はこの作家の深い文章体験で築かれた鋭い勘によっている。言語感覚を鍛えるには、こういう勘の利いた文章を意識的に読むのが効果的だ。漫然と眺めるのではなく、ここになぜこの語があるのか、他の類義語とどこがどう違うのかと、時につっかかってみるとさらに効果があがる。といっても、いちいちつっかかっていては日が暮れるから、うまい表現だなと思った箇所でせめて一瞬立ち止まってみたい。

そのように、ある表現のニュアンスを他と比較する際のコツが二つある。一つは、一方が使えて他方が使えない、もしくは不自然になるような例を見つけること。もう一つは、両方使えるがニュアンスが明らかに異なる例を考えてみること。そんなふうに表現を味わってみる日頃のトレーニングを通じて、言語感覚が自然に鋭さを増すことだろう。

本書の構成

ある単語にまつわる語感はつねに一つだけとは限らない。「ちょいと」には、都会的で垢抜けがし、やや頽廃《たいはい》的ながら親しみのある小粋な雰囲気が漂う。そういういわば多面体の個々の側面を、語感を構成する要素としてそれぞれ切り離し、広い語感の世界を分析的に再構成する試みをとおして、語感要素の全体像に迫ってみたい。本書は、つねづねことばのニュアンスを考えてきて次第に鮮明になりつつある自分なりの語感の世界、いわばその「見取図」に沿って構成されている。

ことばがかもしだす雰囲気、ことばとともに伝わる感じ、そう表現することで相手に与える印象としての「語感」は、①そのことばを選んだ人間のあり方に関する何らかの情報、②意味上は特に限定がないにもかかわらず「軟弱」という語が多く女より男をさし、「利発」という語がたいてい子供について使われてきたというような、そのことばで表現してきた対象の側のいわば〝指示むら〟や、それに関する記憶の蓄積、そしてもう一つ、③そのことば自体がいつのまにか帯びている体臭ともいうべき何らかの感じ、という三つの方面に大別できるように思われる。

簡単に整理すると、①表現する《人》に関する語感と、②表現される《もの・こと》にかかわる語感と、③表現に用いる《ことば》にまつわる語感、という三系統に分かれる。本書の三部構成は、その三系統に対応するものである。さらにそれぞれの系統の中で、感じ方の角度を切り分け、五十五の項目に分類した。そうした「語感要素の体系」については本書の巻末にわかりやすい一覧表の形にまとめてある。全体像を一望する際に活用されたい。

この三部構成を「トレーニング」の面から見ると、こんな位置づけになる。第一部は、伝達したい情報とともに否応《いやおう》なく伝わってしまう発信する側のあり方を自覚する訓練である。あることをそう表現することでその人間の性格や感じ方・考え方、価値観・教養・立場・態度など、意図しなかったことまで相手にわかってしまう。通常思ってもみないこの事実を話し手や書き手はしっかりと自覚し、それだけの覚悟をもって表現を選ぶことが肝要だ。その演習である。「看護」は病室を、「看病」は自宅をイメージしやすい。それぞれの語を使ってきた対象に偏りがあるからだ。第二部は、その表現の使用歴の影響で生ずるこのような指示対象のむらを自覚し、その諸相を意識的にとらえる訓練だ。伝達の精度を上げるためにその実態を熟知し、伝えたい対象が意図どおりのイメージで伝わるように、表現を練る基本的なトレーニングである。

そして、第三部は、その情報の伝わり方をきめ細かく調節する多面的な操作の種々相だ。ものは言いようで、きつく響いたりやわらかな感触で伝わったりする。重々しく、あるいは軽快に、斬新に、あるいは古風な趣で伝わることもある。率直な感想を淡々と伝えたい朝もあれば、深い思いを情緒ゆたかに、時には詩的な雰囲気で伝えたい宵もある。それぞれの語にいつしかしみついたいわば体臭を活用し、そのような描き分けを考えるヒントを並べたこの第三部は、広汎な応用編として仕上げのトレーニングの役を果たすだろう。

語感トレーニング◆目　次

第1部　言った〈人〉はどんな人？
――「ピザ」と「ピッツァ」の違いとは（表現主体の陰翳）

Q1 ［性別の伝わる表現］

横光利一の『寝園《しんえん》』に出てくる以下のせりふは、それぞれ男女どちらのものでしょうか。

① お茶はもう駄目ね。
② さんざお待ちしてたのに、あなたがもう帰ってお了《しま》いになったと聞いたものだから。
③ われわれが見てたんだからね。

対話でも文章でも、言語表現とともに相手に伝わるのは、自分の伝えたい情報だけではない。その内容を選び、そういうことばで表現する人間自身のあり方も、同時に否応なしに伝わる。まずはウォーミングアップをかねて、誰でもわかるところから始めることにしよう。川端康成の『雪国』の中で「火事、火事よ！」「火事だ」とだけ記してあっても、読者は駒子と島村の対話だと正しく読みとる。比較的はっきり伝わりやすいのは男女の性別である。「おい、おまえ、もうへばったのかい。おれ、先に行くぜ」「あら、いやよ。置いてくなんて、ずいぶん意地悪なのね。あたし、歩けるかしら」といったやりとりが聞こえてきたら、二人の姿が見えなくても、男の声に女が応じたものと誰もが思う。「おい」「おまえ」「かい」「おれ」「ぜ」といった言い方が男性を思わせ、「あら」「いやよ」「なのね」『あたし」「かしら」といった調子が女性を連想させるからである。

「大したものだね」と「大したものね」、「いい加減にしろ」と「いい加減にしてよ」、「覚えてますか」と「覚えてらっしゃる？」にも男女差が感じられる。「そうね」が「そうねえ」、「そうでしょう」が「そうでしょ」となる割合は女性のほうが高いだろう。

日本語の場合、一人称の形から話し手の性別の見当がつくことが多い。共通語の範囲でいえば、「おれ」は完全に男ことばと見てよい。近年は上司に向かってデスマス体の中で用いる例もあるようだが、「お前とおれとの仲じゃないか」と女性が口にする場面はまず想像できない。「わし」は男性の老人という印象だが、今では外国人の会話の翻訳として耳にする程度に減少し、ドラマなどで時代や役柄を強調するために使われることばとなった。

「ぼく」のほうは、中学あたりの時期に性差に対する反発から一部の女子生徒があえて使うケースもあると聞くが、これも意識としては男性専用と考えられる。「わたし」は男女ともに使うが、男の場合は別に「おれ」や「ぼく」があるため、子供は使わず、大人でも少し改まった場面に使う程度であり、多くは女性を連想させる。「あたし」となると、完全に女性的な響きになる。「わたくし」は改まった場面で男女ともに使うから、ほとんど性差を感じさせない。が、「あたくし」となると、女性的な感じが強くなる。井伏鱒二『珍品堂主人』に「あたくしが悪うございました」という蘭々女のことばが出るが、男性の口からは出そうもない。以前、鎌倉の永井龍男宅を訪問した際、インタビュアーとして、この語には都会人の甘えが感じられると水を向けると、都会人の繊細な言語感覚で知られるこの作家は、「それと、教養を柔らかくしたような感じもあるかな」と笑い、そういうことばが東京から消えてゆくのを惜しんだ。たしかに、小津安二郎監督の映画の時代には、原節子の演ずる『東京物語』の紀子や『小早川家の秋』の秋子、それに、三宅邦子の演ずる『お早よう』の民子など、上品で小粋な女性が盛んに「あたくし」を使っていたが、流行に敏感な現代女性の口からはめったに聞かれなくなった。流行にもことばの変化にも男性のほうが鈍感なのか頑固なのか、意外に小沢昭一や桂歌丸など男の芸人が口にするのを聞いた記憶がある。古風な語感として一部に残っているのかもしれない。

小津映画では、笠智衆《りゅうちしゅう》や佐分利信《さぶりしん》の演ずる中年後期か初老の、恥じらいを知る人物が口癖のように「いやあ」と軽く打ち消したり控えめに感動をもらしたりする。しみじみとした生活感の漂うこの語はいかにも男性的な響きを感じさせる。

A1　①女（男性は「駄目だね」がふつう）②女（謙譲・尊敬表現を使いながらも、デスマス体にせず、また、「さんざ」とくだけた表現でうちとけた感じにしているあたりが女性的）③男（女性は「わたしたち」となりやすい）

Q2

［年齢の伝わる表現］

次の①〜⑤について、それぞれ比較的年輩者が使うと思われるほうを選んでください。

①ア　ハネムーン　イ　新婚旅行
②ア　キッチン　イ　台所
③ア　ファスナー　イ　チャック
④ア　リビング　イ　居間
⑤ア　ピンポン　イ　卓球

性別につづいて、誰にでもわかりやすいのは話し手の年齢だろう。犬を「ワンワン」、自動車を「ブーブー」、水などを「ぶぅ」、手を「おてて」、「足」を「あんよ」と呼ぶ幼児語があれば、小さな子供とすぐわかる。「おっぱい」や「おねしょ」は大人の間でもまれに使うが、幼児じみた感じが強い。「穴ぼこ」「うんち」「駆けっこ」「げんこ」「泥んこ」「お日様」といった一連のことばも、幼児とは限らないが、〈子供〉らしい雰囲気が強い。もっとも現在では、子供自身が使うより、子供のことばとして大人が子供向けに使う例のほうが多いかもしれない。

鈴木三重吉『綴方読本』（中央公論社、一九三五年）に、当時綴り方の天才少女として注目を浴び、のちに作家となった豊田正子が、東京市葛飾区渋江小学校六年生のときに書いた『火事』と題する作文が特選として載った。そこにこんな箇所がある。

燃えている火が煙の間からちらちら見えた。ポンプの前を通って、君ちゃんと人ごみの中を通って露路の前に出た。そこには、なお人が一ぱいで、黒土の地面が水でビタビタになっている中を、人がぐちゃぐちゃ歩きまわっていた。そこいらへんの空気がぬるまっこくなっているような気がした。

感覚的に生き生きと描かれているのはさすがだ。が、ほんものの大人の文章とは違う。たとえば、川端康成『雪国』の結び近くにも火事の場面があり、こんなふうに描かれる。

焔《ほのお》の音が聞えた。眼の前に火の手が立った。駒子は島村の肘《ひじ》をつかんだ。街道の低い屋根が火明りでほうっと呼吸するように浮き出して、また薄れた。足もとの道にポンプの水が流れて来た。

火の明かりに照らされて屋根が揺れて見えるのを、このように「ほうっと呼吸する」と肉感的にとらえる比喩表現は大人のテクニックで、子供にはちょっと無理だろう。その点、前例は「ちらちら」「ビタビタ」「ぐちゃぐちゃ」といったオノマトペを描写の核とし、「そこいらへん」「ぬるまっこい」といった俗っぽい話しことばが地の文に紛れ込むあたり、子供らしさが色濃く映っている。『綴方読本』の著者鈴木三重吉が「実感がぴちぴち出て」いると評したとおりで、事態を自分との直接関係で認識し、それを感覚的に把握する子供特有のとらえ方だ。そういう生なましい観察を制御することなくそのままことばに載せるこういう書き方は、逆に大人には書こうとしても書けなくなっている。

今度は、次の二文を比べて、どちらに子供らしさが感じられるだろうか。

- と、風にあおられたように、窓から白い蝶が飛んで来て、その人の手にとまった。
- 窓から不意に白い蝶が飛び込んで来たのを見た。

前者は、吉田甲子太郎編『少年少女作文読本』(あかね書房、一九五一年)に収録されている山形県楯岡中学一年の皆川康子という女子生徒の作文。観察のゆきとどいた大人びた文章で志賀直哉の『出来事』を思わせると評された作品だ。後者はそのほんものの志賀作品『出来事』中の対応箇所である。後者がものごとを全体的な関係でとらえているのに対し、前者では全体の関係という意識が薄く、白い蝶だけに注意を奪われている感じがある。

大人と子供ほどはっきりとした差ではないが、大人どうしでも年齢によって少しずつ表現のしかたが違う。使用語彙にもそれぞれ差があり、その語感の違いが若者らしさ、中年らしさ、年寄りらしさとなって反映する。「下着」の意味で「インナー」と言い、「ズボン」の意味で「パンツ」と言い、「独身」のことを「シングル」と言うと、かなり若い感じがするし、「アポイント(メント)」「キッチン」「キャッシュ」「テイクアウト」「ランチ」「ルージュ」のような外来語を多用しても〈若年層〉の雰囲気が強まる。新しく使われだした「シングルマザー」もその一つだ。子供を連れて離婚した女性をも含むこの「シングルマザー」という言い方をせず、「未婚の母」として時代の倫理観をひきずると、古い人という印象を与える。

読み方に年齢の感じられることもある。和語の例では「場合」を「ばやい」と言ったり「ばわい」と言ったりすると、年寄りじみた感じが強くなる。

ある単語が何をさすかという理解に年齢差が映ることもまれにある。「パンツ」はその好例だ。また同じ「カーキ色」という語から、年齢の高い層は黄色みを帯びた茶色を連想し、低い層は緑がかった茶褐色を連想するらしい。「カーキ」はもとヒンディー語で「土ぼこり」の意というが、カーキ色というと軍服の色が連想され、高年齢層は旧日本軍の軍服を、若年層は映画などで見る外国の軍服を連想するのかもしれない。

年齢の感じられる表現は幅広く見られる。「南蛮渡来」とか「洋行帰り」とかと言うと、それだけで相当古い人間という印象になる。こんなふうに、使用する語の選択に年齢が反映するケースは多い。「刑務所」に対する「監獄」や「牢屋」などは、同時代人とは考えにくいほどの高齢者を思わせる。「石鹸」に対する「シャボン」や、「帽子」に対する「シャッポ」などもそれに近い。「カップル」に対する「アベック」、「ジャケット」に対する「ジャケツ」、「コーデュロイ」に対する「コール天」、「おしゃれ」に対する「ハイカラ」、「ピーナツ」に対する

「南京豆」、「小麦粉」に対する「メリケン粉」、「寮」に対する「寄宿舎」、「落第点」に対する「赤点」、「美容院」に対する「パーマ屋」、「分割払い」に対する「月賦」、「金持ち」に対する「金満家」や「素封家《そほう》」なども、それぞれ後者に高齢者の雰囲気を感じる。「ベスト」に対する「チョッキ」や「タートル」に対する「とっくり」にも多少そういう感じがありそうだ。

「結婚式」が特に新しい感じというわけではないが、「婚礼」という語には和服姿の花嫁花婿の連想が強く、そのことばを使用する人も比較的高い年齢層の感じがある。その「花嫁花婿」も「新郎新婦」より多少古風な感じがあるが、これは高年齢層というほどではない。「祝言《しゅうげん》」となると「高砂《たかさご》や」という小謡《こうたい》あたりがぴったりするほど古めかしい感じになる。

「新婚旅行」に対する新しい呼び名だった「ハネムーン」は今やむしろ古い感じになりかけ、その訳語である「蜜月旅行」はさらに古めかしい。結婚することを「家庭を持つ」と表現すること自体がすでに古風な感じになりつつあるから、それを「所帯を持つ」と言えば高い年齢層の響きが出る。その後、夫にもしものことがあると「未亡人」になるが、「まだ亡くならない人」という意味の語感を嫌って今では敬遠する人が多く、古い感じになり始めている。「亭主」が亡くなったとなるとバランス上、さらに古めかしい「後家」という語も頭には浮かぶが、実際には高齢者の口からも今ではめったに聞かれない。

「ビリヤード」を「撞球《どうきゅう》」と言う人はめったに見かけない。「バレーボール」の意の「排《はい》球」、

「バスケットボール」の意の「籠球《ろう》」なども、もはや高齢者でもほとんど使わなくなっている。「サッカー」の意の「蹴《しゅう》球」や「テニス」の意の「庭球」もそれに近い。一般にスポーツ用語は漢語が衰退して外来語が普通になっているが、「卓球」と「ピンポン」はむしろ逆だ。「ピンポン」という音はテンポの遅いのんびりとした打ち合いを連想させ、旅館でスリッパ姿で興じる遊びの感じが強い。そういう雰囲気から本格的な試合には使いにくく、「国際選手権」のような正式の試合では「卓球」を使う、といった俗っぽい使い分けもある。単にその球技をさす場合は、現在では「卓球」が一般的で、「ピンポン」という語は高齢者を思わせる。

同じ対象をさすのに世代によって用語が違うケースはほかにもある。祖母は「お勝手」、母は「台所」、娘は「キッチン」と三種類に呼び分けている家庭もある。

また、語感が世代によって逆になる場合もある。現在では「野球」という語が一般的で、「ベースボール」と言うと新しい感じに響く。その斬新な語形を好んで今よりよく使っていた時期を経験した人にとっては、むしろ懐かしい感じを伴う。そういう人が「ベースボール」ということばを耳にすれば、自分たちと同世代の年寄りを連想するだろう。

A2　①ア　②イ　③イ　④イ　⑤ア

コラム１――言語調査の風景

国立国語研究所では二十年ごとに山形県の鶴岡市でことばの調査を実施してきた。この地方では「烏《からす》」をラ音が高くその次が下がる方言アクセントで発音するが、それがどの世代でいつごろ頭高《あたまだか》の標準アクセントに移るかといった実態を、市民に面接して調査し、地域社会のことばがどのように共通語に近づくかを実証的に明らかにするためである。第一回の調査のころはまだ中学生だったはずだが、やがて大学院を出て研究所員となり、調査員として故郷を訪れることになった。予備調査で小学校の担任の先生やら菩提寺《ぼだいじ》の和尚やら親友の憧れの女生徒だった人やらに偶然インタビューすることになって驚いたが、むしろん素知らぬ顔で調査をすませた。地元の人間だと知れると調査結果に影響するからだ。

条件をそろえるために前の調査と同じ設問を用意する。なぞなぞ式の質問では「口からハーッとはくもの、これを何とおっしゃいますか」と聞いて「息」ということばを自発的に発音させ、「イ」の部分に方言音である中舌《ちゅうぜつ》母音が出るかどうか、「キ」の子音部分が有声音になって「ギ」に聞こえるかどうかを調べる。言語調査では、相手の口から自然にそのことばが出るように導くのがコツで、何を調べようとしているかを覚《さと》られないようにするのが鉄則だから、一見、大の大人に幼稚園児でも知っていることを尋ねている形になる。

もう一つは絵を見せてその名前を言ってもらう質問方式だ。その場合も前と同じ絵を使うので、「駅」を表す絵では当然、電車でなくSLが踏み切りにさしかかり、その近くに時計台のある建物が描かれている。それを見せて「これを何とおっしゃいますか」と質問したら、七十代の男性の口から「停車場」という思いがけない答えが返ってきた。東京では今やほとんど聞くことのない古めかしいことばで、かなりの高齢者を思わせる。

だが、「駅」の「エ」の部分に標準語より狭いエの音が出るかどうかを知るという調査目的にはぴったりしない。そこで「ほかに何とかおっしゃいませんか」と「駅」の方向に誘導したら、老紳士はしばらく考えて今度ははにかみながら「ステーション」と言った。

この外来語は、「ターミナルステーション」「ステーションビル」のように、現在では「駅」より斬新な感じで使う例が多い。しかし、日本最初の鉄道始発駅「新橋ステーション」についての記憶や知識のある高齢者には、逆に昔懐かしい感じがすることばなのだろう。聞く人の世代によって斬新にも響き逆に古風にも響く点で、「ベースボール」の場合に似ている。あの日、年寄りが新しいことばを口にする照れくささかと一瞬思ったあの表情は、実はその反対で、あまりにも古いことばを口にするはにかみであったかもしれない。

Q3

［出身地の伝わる表現］

次の①〜⑥の語は、それぞれの地方において、どういう意味で使われているでしょうか。ア〜カの中から選んでください。

①しばれる（北海道）
②かがぽし（山形県庄内地方）
③おそがい（名古屋）
④あんじょー（大阪）
⑤せんぐり（奈良・香川・徳島）
⑥よたんぼ（徳島）

ア 恐ろしい
イ まぶしい
ウ 酔っぱらい
エ うまく
オ 冷えこむ
カ 次々

「おすし」が「オ煤《すす》」のように聞こえたりする、いわゆるずうずう弁から、東北出身の人間と判断するケースはよくある。「食べる」という動詞を頭の「タ」を高く発音すると東海地方の出身かと思ったりする。そういう発音やアクセントの違いなどが地方色を感じさせるのとは別に、単語の選択や用法の違いから方言的な雰囲気を漂わせる例も多い。「太い」の意で「ふとか」と言う福岡・長崎、「美しい」意で「ちゅらさん」と言う沖縄など、その地方独特の表現はそういう典型である。

北海道の「しばれる」、東北の「しょーし」(恥ずかしい)、京都の「あかん」(だめだ)「うち」(わたし)「おばんざい」(ふだんのおそうざい)「しんきくさい」(じれったい)「しんどい」(くたびれている・つらい)「はんなり」(明るく上品な)「まったり」(まろやかでこくがある)、京阪の「ぎょーさん」(たくさん)や「おーきに」(ありがとう)、大阪の「あほくさい」(ばかばかしい)「えげつない」(あくどい)「おかん」(お母さん)「おもろい」(面白い)「がめつい」(けちで抜けめがない)「かめへん」(かまわない)「けったいな」(変な)「しょーもない」(くだらない)「なんぼ」(いくら)「めっちゃ」(非常に)、広島の「おどれ」(貴様)、広島や島根の「だんだん」(ありがとう)、長崎の「ばってん」(だが)、鹿児島の「ごあす」(ございます)など、映画やドラマ、上方漫才などでおなじみのことばは特に地方色を強める。「粋」も「いき」と読めば共通語だが、「すい」と読んで「粋なお方」などと使えば関西方面の雰囲気が出る。

「おちょくる」「こける」「しばれる」「しんどい」のように、もともと方言であっても共通語の中に時折現れるものは、それだけ地方色が弱くなる。「人をおちょくるのもいい加減にせんか」と言っても関西出身の人だとはかぎらない。「ばか」に対する「あほ」や「たわけ」、「バツ」に対する「ペケ」、「むずかしい」に対する「むつかしい」などもそれに近いだろう。特に「いぎたない」「いけぞんざい」「おちゃっぴー」「おっこちる」のように古くからふつうに使っていた東京語の場合は方言的な色彩が薄い。「お膝送り」「おみおつけ」「小汚《こぎたな》い」「しょっぱい」「世間様」「どんどん焼き」「のっかる」「のっけに」(最初に・いきなり)「はばかりさま」(恐れ入ります・おあいにくさま)「べらぼー」「麦湯」(麦茶)「野暮用《やぼよう》」や、「醬油」をさす「お下地《したじ》」、「怖い」意の「おっかない」、「果物」をさす「水菓子」なども古くからある東京語だというが、方言という意識はほとんどない。

ただし、「お師匠さん」を「おしょさん」、「素人」を「しろと」、「風呂敷」を「ふるしき」、「まっすぐ」を「まっつぐ」と言うような音変化があったり、「気詰まり」の意の「気ぶっせい」、「がさつ」の意の「ざっかけない」や、「中途半端」の意の「半ちく」のように現在ほとんど使われなくなった語形の場合は、やはり方言的な感じが意識される。

ことばの形ではなくその用法に方言色がにじむ場合もある。芥川龍之介の小品『大川の水』は「自分は、大川端に近い町に生まれた」と始まり、「大川あるが故に、「東京」を愛し、「東京」あるが故に、生活を愛するのである」と終わる。久保田万太郎の『末枯《うらがれ》』には「公園のほうへ出るのに、わざわざ遠くを廻って」とある。このように、東京で単に「大川」と言って特に隅田川をさし、単に「公園」と言って特に浅草公園をさす場合はその一例だ。「肉」という語で特に牛肉を意味し、「肉、豚、鶏《とり》」と言う地域もあるらしい。また、「さっきからここに居《お》った」のように、標準語では「いる」と言うところで「おる」を使う用法、「これ、欲しかったらお前にくれるよ」とか、「こたつを掛ける」とかというような「くれる」「掛ける」の用法も標準的ではない。

ずっと以前は「やるしかない」のように動詞に「しか」の付く用法は標準的でなかったと聞く。「あれもこれも値段はいっしょや」のように、「いっしょ」を「ともに」の意でなく「同じ」の意に使う形容動詞の用法も、東京では近年に急速に広まった感がある。後者はまだいくらか俗語的なニュアンスを残していて、「思うに課せられた使命は、いっしょなのではあるまいか」などと学術的な文章には使いにくい。しかし、どちらも今や東京でも広く使われるようになり、東京語から逸脱した感じは消えつつある。①は「まるイチ」と読むのが標準的だが、山形県の一部の地域では意外にも書き順どおり「イチまる」と言うそうだ。

いずれも標準からはみ出して使えば、方言的な語感が伴う。そのことばの意味とともに、ことばの形をとおして、表現する人の出身地という情報も相手に伝わることになる。

A3　①オ　②イ　③ア　④エ　⑤カ　⑥ウ

Q4 次の①〜③の語について、法律関係の職業ならではの読み方を答えてください。

［職業が伝わる表現］

① 遺言　② 競売　③ 図画

相手の伝える情報の背後に、そのことばの使い手の職業に関連した特殊な雰囲気が漂うこともある。たとえば、一般には平板型のアクセントで発音される「国会」という単語を、ことさら頭高に発音する政治家が少なくない。政治の世界を「永田町」、官僚組織を「霞ヶ関」と換《かん》喩《ゆ》的に表現し、「まさに」「ある意味で」「いわゆる」「しっかりと」のほか、「鋭意」や「粛々と」という言いまわしを多用する傾向も見られる。「法律を改正をする」「関係書類を提出をする」のような言い方をしてまで漢語のサ変動詞を敬遠することも多い。漢語だけでなく、「姿をお見せをしてまいりました」などともったいぶった答弁をした大臣もある。これらの特徴が全体として政治家らしさを感じさせる。また、「事務レベルの日程調整」と言ったり、交渉で「カードを切る」と言ったりすると、〈外交関係〉を連想させよう。

「結婚を続けられないわけ」という意味で、「婚姻を継続しがたい事由《じゆう》」のような言い方をする人は、弁護士か何か〈法律関係〉の仕事の専門家を思わせる。「供述調書」「書類送検」「勾留《こうりゅう》」

「拘留」「執行猶予」といった用語を連発すれば、裁判所や警察署に勤務している人を連想させやすい。「善意」「悪意」あるいは「確信犯」といった語を単に使うだけではなく、その用法が専門的な意味合いであっても同様である。「善意の人」「悪意に満ちた仕打ち」はふつうに使うが、「善意の(事実を知らない)買い主」「悪意の(事実を知りつつ)占有」となると法的専門語になる。「事件」を「ヤマ」と言い、「被害者」を「ガイシャ」、「真犯人」を「本ボシ」と言う人を見かけると、刑事や事件記者のような人かと思うだろう。「患者」を「クランケ」、「手術」を「オペ」と呼ぶと、医者や看護師のような〈医学関係〉の人を連想させる。「図面を書く」ではなく「図面に落とす」といった専門的な言い方が〈建築関係〉の業者などを思わせるように、単語の選択だけでなくその用法が専門的に感じさせることもある。

「ありがとう」の代わりに「ごっつぁんです」と言う声を聞くと、それだけで相撲取りだと思ってしまう。部屋の上位力士に稽古をつけてもらうことを「あんま」、稽古をつけてくれた先輩力士に本場所で勝つことを「恩を返す」と言い、部屋の稼ぎ頭を「米びつ」と言う人は、〈相撲界〉にくわしい人間だ。平幕力士が横綱を破るのが「金星」、大関を破るのが「銀星」ときちんと使い分ける場合も同様である。

A4　①いごん　②けいばい　③とが

Q5

［所属集団を伝える表現］

以下のせりふの空欄には、どちらも「酒」を意味する〈隠語〉が入ります。それぞれ、発言者にふさわしいことばを入れてください。

①「そのほう、（　　）は食すか」（殿様から家来へのことば）

②「これは酒ではございません、（　　）にございます」（僧侶が言ったことば）

職業の伝わる表現の一種に、特定の仲間うちだけで通用し、それ以外には意味がわからないようにするために用いる特殊なことばがある。いわゆる〈隠語〉がそれである。

室町時代の初めごろから、宮中に仕える女官の間で主に衣食住に関する婉曲表現が使われた。これも女房詞《にょうぼうことば》と呼ばれる一種の隠語である。のちに将軍家に奉仕する女性から、江戸時代には町家《まちや》の女の間にも広がり、一部は現代にも残っている。「浴衣《ゆかた》」の「ゆもじ」、「髪」の「かもじ」、「すし」の「すもじ」、「ひだるい」の「ひもじ」といった文字詞《もじことば》はその名残で、「水」をさす「おひや」もその一例だ。

昔から僧侶や商人、遊女、あるいは香具師《やし》や泥棒の世界などでは、その社会だけで通じるこという符牒《ふちょう》のようなことばが多かった。現代ではヤクザ映画や時代劇などで耳にする人が多いかもしれない。丈の長い詰め襟の学生服をさす「学らん」という語も、洋服の意の江戸時代の隠語「ランダ」から来たという。現代では危ないことになりそうなという意味合いで一般にも広まった「やばい」は今や、驚くほどすごいといった意味の用法にまで広がった。が、これも、もとをただせば、不都合や危険を意味した江戸時代の「やば」に端を発している。

伝統的な隠語だけで機能が果たせなくなると、それぞれの社会で新しい隠語をひねり出す。その際によく見られる手段が二つある。その一つは、前後の音を逆に並べる手で、「宿」を「ドヤ」、「旅」「足袋《たび》」を「ビタ」とするのはそういう例だ。「女」を「ナオン」と言うのもその類例と見られる。「ガサ入れ」という隠語も、「捜す」の「サガ」を逆転した語形だろう。その際に音ではなく漢字を単位にして並べ替えたのが「場所」の「ショバ」、「酒杯」の「ズキサカ」(兄弟分の契りの意)、「事件」の「ケンジ」、「到着」の「チャクトウ」(役者の楽屋入り)などである。「サンタク」も『隠語辞典』(栗田書店、一九三三年)に「沢山」の「逆さ語」とある旨、木村義之・小出美河子編『隠語大辞典』(皓星社、二〇〇〇年)に出ており、大もうけの意味で「サンタクヨロクシタ」などと使ったらしい。「ヨロク」は「余禄」だろう。

もう一つは前の部分を省略する手である。ごろつきやくざなどが「新宿」を「ジュク」、「新橋」を「バシ」、「刑務所」を「ムショ」、「警察」を「サツ」とするのがそれで、「商売」を「バイ」と言う例もあるという。このうち「ジュク」や池袋の「ブクロ」などは現代の若者も平気で使うらしい。

「忍び込む」ことを「ノビ」と言うのも、「忍び」の頭の音を省いた形だ。新聞記者を意味する「ブンヤ」も、「新聞屋」の初めの「新」の部分を省略した語形である。一説に「ガセねた」の「ガセ」も「人騒がせ」の意味を担う「人騒」の部分の省略形という。刑事を意味する有名な「デカ」は、明治時代の刑事の服装「角袖《かくそで》」を「袖角」と逆転させ、さらに、その最初と最後の音を略す、という手の込んだ語形である。

ちなみに、比較的知られている「かつあげ」の「かつ」は「恐喝」の「喝」であり、「とんずら」は「遁走」の「遁」(逃げる意)に「ズラかる」の「ずら」を組み合わせたもののようだ。

ドラマなどで現代の刑事たちは犯人をよく「ホシ」と言う。この隠語は、狙う的の中心かと思うと「めぼし」の省略形らしい。容疑について「クロ」(常習スリなどの「玄人《くろうと》」をさす)と言うのも一種の隠語であり、最近はクロでない「シロ」とともに、その両者の中間を意味する「グレー」という用語も広く使われる。「ちんぴら」も「日陰者《ひかげもの》」も「張り込み」も最初は隠語として使われたらしい。しかしこんなふうに一般に広まってしまうと、仲間にひそかに伝えるという本来の役割が変質し、自分がそういう社会集団に所属する人間であることをむしろ積極的に知らせる目的で、威圧的にこういうことばが使われたりするようになる。

のんびりと炬燵《こたつ》に入って、うつらうつらしながら、女にあまくすぐ鼻の下をのばすのを「鼻《び》下長《かちょう》」と称した古い例などを懐かしんでいたら、『隠語大辞典』に、警察隠語類集に「本」をさす「ごた」という隠語があるという紹介が出てきた。そして、そこに「ごたごた書いてあるところから」と注記してあるのには思わず笑った。そういえば、よく本質をとらえているとやたらに感心した。この本もあまり説明がくどくならないうちに、さっさと次に進もう。

A5　①ささ（一説に、古く中国で酒を「竹葉」と呼んだことにちなんだ日本版ともいうが、「酒」の頭の「サ」の音を重ねた語形の女房詞とする説が有力）

②般若湯《はんにゃとう》（般若経にひっかけてもっともらしく煎じ薬めかした名として僧の間で使われたという。お燗をした日本酒にぴったりの命名で、ウイスキーの水割りなどではイメージに合わない）

Q6

［思想傾向の伝わる表現］

以下の二つの文のうち、「経営者側」の発言と思われるのはどちらでしょうか。

①従業員の皆さん、力をひとつにあわせて、この難局打開にのぞみましょう。

②労働者諸君、我々は一致団結して、この難局打開にのぞもうではないか。

冷静に客観的に眺め、是々非々で対応を決めるやり方は、どちら側に立ってものを言うかを重視する日本社会では、態度がはっきりしない、仲間意識がないと思われやすい。そのため、「経営者側」か「従業員側」か、「学校側」か「学生側」か、「体制側」かそうではないかといった対立が問題になる。ひいてはそういう用語自体に色がついて感じられ、特殊な雰囲気を漂わせる。会社側の人は「会社側」と言わず、体制側の人は「体制側」などと言わない。それらの語はつねに、その反対の立場にある者の発想を感じさせる。「体制側」ということばは、支配的な位置にある政治権力や社会集団を意味するだけでなく、対象をそういうふうに見る側、権力組織を好ましく思わない人の考え方であることをも相手に伝える。

「大東亜戦争」ということばは、「太平洋戦争」をさすだけではなく、そういう語をあえて用いる人の考え方を相手に届ける。戦時中は「太平洋戦争」などという見方が存在せず、「大東亜戦争」がふつうの言い方だったから、そのことばに特別の語感は働かなかったはずだ。しかし、今では、世界的な視野から客観的に見ている感じの「太平洋戦争」ということばに対し、この語は、戦時中に東アジア共栄圏をめざした日本の側からの呼称だという意味で、当時の指導者たちの考え方をひきずっている感じがぬぐいきれない。そのため、帝国主義や植民地政策の信奉者とまでは見られないにせよ、当時の用語を無反省に使い続ける人、あるいは、懐古趣味の人間といった、何らかの色を伴って相手に届く。

いわゆる北方領土についても、それが日本に戻されることについて、日本人は「返還」ととらえているが、多くのロシア人は「引き渡し」と考えているという。

戦争が終結したとき、日本人はそれを「終戦」ということばで受け入れた。「敗戦記念日」などというものを国民的行事にする国はないだろうから、戦争の時代から平和の時代へと向かう節目として記念日を設けるなら「平和記念日」と名づける手もあったが、戦争の終結という事実をただちに「平和」と呼ぶわけにはいかないから、とりあえず「終戦記念日」としたのだろう。「終戦」という命名は、ふれたくない事実をうやむやにしてうまくおさめた絶妙のしのぎだったともいえる。一方、それは歴史的現実から目をそらすごまかしだと非難して、あえて「敗戦」という用語を使う立場もある。そんな日本人の内側からの自覚が映る「敗戦」という語は、あえてそれを選んだ人間の思想傾向を、伝達内容と同時に相手に届けることになる。

「主婦」ということばには、家庭の仕事に明け暮れる妻といった伝統的なニュアンスがつきまとう。「主夫」という比較的新しいことばは、当の夫自身が自嘲気味に呼ぶ場合もあるが、社会に進出した女性が「主婦」という語に封建的なにおいを嗅ぎとり、同じ立場を男性に割り当てようとする発想も見え隠れしないわけではない。

表現に個人的な考えを出したくない場合もある。組合の賃金闘争などで、職場を放棄する完全なストライキとは別に、やわらかい戦術を採用するような場合、NHKなどで、それが法律を遵守《じゅんしゅ》しているのか違法性があるのかという判断を避けるために「いわゆる順法闘争」と放送することが多かった。世間で言っているという意味合いの「いわゆる」をかぶせることで、放送局としての判断でないことを示すためだ。とかく議論のある「現在形」とか「形容動詞」とかという用語に文法学者がいちいち「いわゆる」をつけるのも同様で、その件に対する自分の判断を保留して客観的に述べるねらいがある。文章で書き記す場合は、そのことばをカギ括弧で括ることでも、「いわゆる」という雰囲気の類似の効果をあげることができる。

A6　①

Q7

次の①～③について、それぞれア・イのどちらがよりふさわしいでしょうか。

［立場の伝わる表現］

「世の中不況できびしいよな。①【ア 給料　イ 給与】も五年も前から全然上がらないし、がんばって貯金しても②【ア 利子　イ 利息】ときたらほんの雀の涙。③【ア 税　イ 税金】ばっかり高くなって、まったくやってられないよ」

〈思想傾向〉というほどのことではなく、用語が使い手の何らかの〈立場〉を示す例も多い。

「感心」と「感服」とを比べると、感動の程度とは別に、前者は上の立場から、後者は下の立場から評価している感じがある。「家の手伝いをする感心な子供だ」は自然だが、同輩や部下から「よく働いて感心だね」と言われて素直に喜べないのはそのためだ。「かわいそう」と「気の毒」との関係もそれと似ており、前者は下位者に、後者は上位者に向かっているように感じられるだろう。同じように、「通達」は上から下へ、「報告」は逆に下から上へ知らせる感じが強い。「通知」はその間だが、どちらかと言えば「通達」に近いだろう。

「受付日」も「申込み日」も同じ日をさすが、前者は申込みを受ける立場から、後者は申し込む側から見た用語だ。「園児」は幼稚園に通っている子供をさすが、それを幼稚園側から見た感じがある。「下阪《げはん》」には東京に住む人間の目が強く感じられ、「大阪に下る」というとらえ方が時に大阪人を刺激する。「上京」という語を京都人に向かって使うのもためらわれる。たくみにその語を避けて「東京入り」とする和服の似合うしとやかな京都人が身近にいる。

「抱く」が性行為を暗示する場合は明らかに男性側の視点である。「人民」という語には為政者側からとらえた視点が感じられ、「報奨」「褒賞」「褒章」などいずれも、与える側の上位者から見ている感じが強い。「患者」「急患」「重患」なども、「病人」に比べ、当人というよりは病院や医師の側からとらえた感じがある。「服薬」や「服用」もやや専門的な語だが、「投薬」や「投与」となるとさらに病院や薬局の側の用いることばという雰囲気が濃い。

「給料」も「給与」も同じものをさすが、後者のほうが支払う側の視点が連想される。「ボーナス」も「賞与」も実質に変わりはないが、やはり後者に雇い主側の視点が感じられるだろう。同様に、「利子」と「利息」はまったく同じ意味であるが、どちらかといえば、前者に金融機関側の目が、日常語である後者に預金したり融資を受けたりする側の目が意識されるかもしれない。同じく「税」も「税金」も同じものをさすが、前者は日常生活でこの語を単独で使う例が少ないため、納税する側より課税する側の雰囲気が漂う。

A7 ①ア ②イ ③イ

Q8

次の四つの語のうち、正しい本来の形のものはどれでしょうか。

①喧喧囂囂《けんけんごうごう》　②喧喧諤諤《けんけんがくがく》　③侃侃諤諤《かんかんがくがく》　④侃侃囂囂《かんかんごうごう》

［教養の伝わる表現］

日本語には伝統的に、促音の直後に濁音の続く語がほとんど見られなかった関係で、外来語の場合も日本人は「ベッド」は「ベット」、「バッグ」は「バック」のように発音しやすい。しかし、外国語に慣れてきた現代では、「ハンドバッグ」「ティーバッグ」を含め、清音で発音したり表記したりすると、いささか教養が疑われかねない。

むろん、外来語には限らない。伝統的な「赤穂《あこう》四十七士」を「ＡＫＯ47《フォーティーセブン》」などとふざけるぶんには笑い事ですむが、うっかり「よんじゅうななし」などと読んだりしたら無知をさらけだすかっこうになる。

日頃何のこだわりもなく「イッショウケンメイ」と発音し、「一生懸命」と書いている人が、「イッショケンメイ」ということばを聞いたら、試しに国語辞典を引くかもしれない。すると、「一所懸命」という見たこともない項目があって、「武士が、賜った一ヵ所の領地を命にかけて守り、生活の頼りとしたこと」などと説明がある。念のため、それまで全幅の信頼を寄せていた「一生懸命」を引いてみると「一所懸命の転」となっている。そこまで知ってしまうと、「一生懸命」が使いにくくなり、権威を失ったその姿があわれに映る。

「独壇場《どくだんじょう》」ということばも信じすぎると恥をかく。正しくは「独擅場《どくせんじょう》」と書く。「擅」は「ほしいままにする」という意味で「セン」と読む。「ドクダンジョウ」は「独擅場」の誤読だと辞書にある。知ってしまうと、「独壇場」を使うのはやはりためらわれる。「胃の洗浄」のように、水や薬品で皮膚や体内を洗う意に使う医学の専門語「洗浄」は、本来「洗滌」と書いて「センデキ」と読む語だったが、「滌」の旁《つくり》につられて「センジョウ」と誤読し、「浄」の字で代用したものらしい。そうと知ると、間に合わせの感じになり、重みが消える。

「ひと」は「われ」と対立する概念だから「他人」と宛てた。すると「ひとごと」は「他人事」と書くことになる。それを誤読して「たにんごと」という語が誕生したと知ったとたん、そのことばが急に軽薄に感じられる。まさに「ひとごと」ではない。

「情緒」も一般に「ジョウチョ」と読んでいるが、辞書を引くと「ジョウショ」の慣用読みだとある。今さら「ジョウショ」と発音すると「異国情緒」や「情緒不安定」といったことばの感じが変わるが、教養が疑われるのも気になって迷う。永年「ビャクヤ」と読み慣わしてきた「白夜」を「ハクヤ」と読み改めるべきかどうかで悩むのも同様だ。魚の「生け作り」を「生き作り」とするのも、相手によっては教養の問題になるだろう。「汚名返上」と「名誉挽回」が混乱を起こして「汚名挽回」と言う例あたりになると、多くの人が違和感を抱くだろう。『影を慕いて』という古い歌謡曲の歌詞に「月にやるせぬわが思い」とある。この「やるせぬ」は「やるせない」の意だから、「おさない」や「しがない」などと同様、本来「ない」が「ぬ」にはならない。リズムのために無理をしたのだろうが、形容詞の語尾を助動詞の「ない」と混同したような違和感を覚える人もある。「とんでもない」という形容詞の「ない」の部分を「ありません」や「ございません」に置き換える例が現代社会に広まった。近年「それでいいのだ」という天才バカボンみたいな論調が横行するが、それが正しいとすれば、「とんでもない」という形容詞を認めずに副詞の「と」までさかのぼってこの意味を説明する振り出しに戻ってしまう。「とんでものうございます」という形が大仰で古めかしい響きがあって衰退したという事情があるにもせよ、そのような用法は、知識のある人間にはまだ抵抗がある。

助動詞「みたいだ」の「たい」を「あの人みたく」のように使う例も、助動詞「たい」や形容詞の活用と勘違いしたもので違和感が残る。「すごく」の意で「すごいきれい」と言う若年層によく見られる例も辞典に載るほど広まったが、論文には使えず会話でもまだ気になる。

「着かえる」の名詞形「着かえ」は今や「着がえ」として完全に定着し、まったく違和感を覚えない。動詞のほうも今では「着がえる」のほうが圧倒的に優勢だが、こちらは「着かえる」という本来の語形がまだ細ぼそと命脈を保っており、蛙まがいの「履きガエル」の発見まで、そういう知識層には「着がえる」の語形が俗っぽく感じられるだろう。

すでに半世紀を過ぎた「見れる」「寝れる」「食べれる」といった、いわゆるラ抜きことばも違和感がまったく消えたわけではない。特に文章中に現れると、それだけでいったいどういう筆者かと思ってしまう。本来「耳障り」なのを「耳触り」と誤解し、「耳あたり」の意で「耳ざわりのいい言い方」のように使うのも、やはりひっかかる。比較的近年になって若年層の間で観察される、「役不足」や「気がおける」の誤用も気になる。謙虚な姿勢を示すつもりで「私には役不足です」などと言うと、自分にとってその役割は軽すぎるという意味だから、むしろ自分の能力をアピールすることになってしまう。

「あの人は気がおけない」というのは、「気づまりだ」という意味ではなく、正しくは気遣いをする必要がないという意味である。「おもむろに」「やおら」などを本来とむしろ反対の「すばやく」のような意味に使ったり、「情けは人のためならず」の「人」を、他人の意ではなく、情けをかけられる人自身の意で用いたりする現象もあるが、そのあたりは依然としていかにも教養不足という印象を相手に与えかねない。

A8　①（多くの人が騒ぐ声でやかましい意）　③（遠慮なく大いに論じ合う意）
②は①と③の混交語。

〔誤解予防の配慮が伝わる表現〕

Q9

次の文章を、電話口で誤解なく伝えるためには、傍線部をどう発音すればよいでしょうか。

「地元の①市立中学にそのまま進学せず、②私立を受けるつもりです」

車のディーラーなどが「型式」のことを「けいしき」ではなく、あえて「カタシキ」と発音することがある。「形式」と紛らわしいからだろう。相手がそれに気がつけば、誤解を防ごうとする話し手の配慮を感じることもある。単に「型」としても通じるから、業界の用語らしく仕立てたものかもしれない。が、「化学」を「かがく」ではなくあえて「バケガク」などと呼ぶのは、似たような話題でよく使う同音の「科学」とはっきり区別するためである。俗っぽくはなるが、このような場合たしかに話し手が誤解を予防しようとしている配慮を感じさせる。

近年、「買春《かいしゅん》」という用語が使われる。性の売買のうち、「売春」として売り手の責任をとがめることばは古くからあったが、買い手からの働きかけをとがめる意識の高まりとともに誕生したことばだ。耳で聞くと、そういう事情にうとい年寄りは、若返りを意味する「回春」を連想するかもしれない。ふつうに音読みすると「売春」と区別がつかないため、やむなく「かいシュン」と湯桶《ゆとう》読みにしたのだろう。ただし、この語を音読みにして使うことは考えにくいから、これはその語を使う個人の配慮ではない。そういうことばの成立自体に誤解予防という配慮が働いた例と考えるべきだろう。

「私立」をわざわざ「ワタクシリツ」と呼ぶのも誤解予防の配慮だ。受験などの話題で単に「シリツ」と言うと、その学校が「市立」なのか「私立」なのか実に紛らわしい。そのため、音読みにすると同音になる「私」と「市」とをあえて訓読みし、「ワタクシ」と「イチ」とにはっきり区別する試みだ。中学の場合は「地元のシリツ中学にそのまま進学せず、シリツを受ける」などと言うケースは多い。「私立」のほうが圧倒的に多い大学の場合でも、少数ながら「市立」もあるから、こういう配慮が話を明確にすることは事実だ。こういうことばを聞くと、俗っぽい言い方になっても誤解を防ぐことを優先させる話し手の伝達上の配慮が感じとれる。

A9 ①イチリツ ②ワタクシリツ

Q10

［焦点の違いが伝わる表現］

次の文中では、それぞれア・イのどちらがよりふさわしいでしょうか。

①学業を【ア　途中　　イ 中途】であきらめ、就職することにした。
②話をしている【ア　途中　　イ 中途】で携帯が鳴った。
③たしか彼は【ア　途中　　イ 中途】採用で入社したはずだよ。

「残虐」も「残酷」も「残忍」も似たような意味だが、「残虐」「残酷」は行為の結果のむごさに重点があり、「残忍」はむごい仕打ちを平気でする人間の無慈悲な心に重点があるような感じが強い。類義語の中から特に「残忍」なら「残忍」という語を選んだ表現者のそういう意識が相手に伝わるだろう。

「全国」と「全土」も似た意味ながら、「全国」が組織を含む抽象的なとらえ方なのに対し、「全土」は空間的な広がりを意識した感じが強い。「指図」と「指示」でも、前者は命令で部下などを動かすところに、後者は命じる行為の内容に重点がある。「素養」は実用性より知識に、「たしなみ」は芸術性や技術面に、「心得」は知識より運用能力に重点を置いた感じが強く、それぞれ焦点が違って伝わる。

「遠ざかる」と「遠のく」も意味はほぼ同じだが、どちらかというと、「遠ざかる」は距離が離れる点に、「遠のく」はその近辺に存在しなくなる点に、それぞれ中心があるように思われる。「接近」と「近接」との間にも若干のニュアンスの違いが感じられる。「接近」という語は近づく動きに焦点のある動作的な語であるのに対して、「近接」という語は近いという状態に焦点をあてた感じがするからだ。「寝ころぶ」と「寝ころがる」とも似たような意味だが、「寝ころぶ」はそういう姿勢に移る動作に重点があり、「寝ころがる」はそういう姿勢にあるその状態に重点があるだろう。

「中途」と「途中」にも意味の重点の違いが感じられる。「中途」という語は道を意味する「途」が中核、「途中」という語では間を意味する「中」が中核をなす。そのため、前者は地点という空間性がより強く意識され、後者は行為の最中という時間性がより強く意識される。「中途」のほうが古風であるという点とは別に、そのような伝達の焦点の違いも相手に伝わるだろう。現代では「途中」のほうが一般的で、特に「走っている途中で」のように動詞に続く場合はほとんどが「途中」となる。

A10 ①イ ②ア ③イ

Q11

［強調の程度が伝わる表現］

次の①〜④に、ア〜エの中からもっともふさわしい語を入れてください。

「　①　」とは、他人からこうむった迷惑や被害をその相手に返すことをさし、会話でも文章でも使われるやや古風な漢語である。漢語だけに「　②　」よりは若干重く響くが、「　③　」ほど恨みがこもっておらず、「　④　」というほど大げさではない感じがある。

ア 仕返し　イ 返報　ウ 報復　エ 復讐

「どうぞよろしく」「どうぞお出かけください」などといった挨拶で、「どうぞ」を「どうか」に差し替えると微妙にニュアンスが違ってくる。映画監督の小津安二郎は敬愛する作家の志賀直哉からもらった手紙の末尾に「どうか遊びに来てくれ給え」とあるのを読んでほんとうに嬉しかったらしい。「どうぞ」でなく「どうか」ということばを選んだところに、ぜひいらっしゃいという志賀さんの気持ちがこもっていると、ことのほか喜んだという。開店の挨拶なら「どうぞよろしく」で過不足ないが、「どうか」とするほうが、たしかに、懇願する感じが強くなる。不祥事を詫びる社長のことばなどでも、「どうか」としたほうが平身低頭している感じが強く伝わりそうだ。

「酔う」は程度に幅があるが、「酔っ払う」となると、正常でなくなる段階まで酔いがまわった感じになる。同様に、「たたく」の場合は、親の肩をたたくのも、後ろから後輩の肩をたたいて親しげに声をかけるのも含まれ、程度に幅があるが、「ひっぱたく」となると相手に強い打撃を与える場合に限られる。知らないはずがないのに知らないふりをする意で「知らんぷり」とも「しらばくれる」とも言うが、後者のほうが積極的な悪意が感じられる。「しらばっくれる」とするとさらに強く響き、「しらを切る」とすれば悪事の連想が深まる。

「仕返し」「返報」「報復」「復讐」と並べてみると、この順にだんだん重くなるように感じられる。「仕返し」はいたずら程度でも使えそうで、「返報」は「報復」ほど大げさでなく、「報復」は重大な行為を連想させる。「復讐」となると、さらに根強い恨みのこもった雰囲気が感じられる。どの語を選ぶかによって、受け手は送り手のそういう気持ちのニュアンスを感じ分けるだろう。

A11 ①イ ②ア ③エ ④ウ

Q12　［驚きの伝わる表現］

以下の①〜③の空欄に、ア〜ウの中からもっともニュアンスのふさわしい語を入れてください。

①この（　）にラブシーンを見せつけられちゃ、よけい暑くなるね。

②（　）のうちに仕事を片づけてしまうことにしよう。

③おやおや、（　）から酒盛りかい。暇なやつはのんびりできていいな。

ア　昼間　　イ　真っ昼間　　ウ　昼日中

単に「根性」と言った場合に比べ、「ど根性」と言うと、その根性のすごさに驚いているようなニュアンスが伝わりやすい。「どぎつい表現」などと同じように、接頭辞の「ど」には並の人間では考えられないという驚きの気持ちがこもり、あまりの図太さに呆れて軽蔑的に言う例が多かった。が、近年は、何事にもくじけない強い気持ちに驚嘆するような、プラスの意味合いで使う例も増えてきているようだ。

同じように、「ていたらく」という語を用いる場合も、とても褒められたものではないひどい状態を客観的に表現するというより、そのことに対する非難や軽蔑の気持ちのこもる感情的な表現として相手に受けとられることだろう。「大きな口を叩いておきながら」とくれば、「なんたるありさまだ」よりも「なんたるていたらくだ」と言いたくなる。

単なる評価である「不届き」に比べ、「もってのほか」と言う場合は、悪い方向に大きくはみ出している感じが強く、そのことばを使う人間がそういう対象を目のあたりにして驚き呆れている気分までが、相手に同時に伝わる。

冒頭の設問に関連して言えば、「この昼日中にラブシーンを見せつけられちゃ、よけい暑くなるね」などと言う。こういうケースでは、ただ「昼間」と言うよりも「昼日中」と言ったほうが、驚いている感じが出る。単に強調されるだけでなく、その対象となる事柄が昼間にはふさわしくないとする送り手の判断も相手に同時に伝わる。「おやおや、真っ昼間から酒盛りかい」のように、「真っ昼間」とすると、見聞きした対象をそういう時刻にはふさわしくないと感じて驚いている気持ちがそれ以上に強く伝わるように思われる。

A12 ①ウ ②ア ③イ

Q13 レストランのメニューに①「ピッツァ」②「ピザ」とあったとき、どちらのほうが本格的だと感じますか？

［自負の伝わる表現］

「作家」や「小説家」に比べて「ものかき」という語には自負が感じられない。だから謙辞ともなるのだが、立松和平はこの語に、生活のために文章を売るといった自虐的なにおいを嗅ぎとった。一方、「文士」という語には、凛然《りんぜん》とした時代の空気を感じると書いている。尾崎一雄が世を去った折、「最後の文士逝《ゆ》く」という雰囲気があったように、それはかつての作家が抱いていた文章に命をかける気魄《きはく》であり、胸を張る自負であったと解することもできよう。

同じように、そのことばを使う人の自負の思いが表れる表現は日常の中にもある。「フランス料理」という通常のカタカナ表記では特別の語感は生じないが、漢字で「佛蘭西料理」と書くと、漢字の重々しい雰囲気で高級そうな感じになる。店の看板が「佛蘭西料理」となっていると、値段が心配になって店の前で財布の中身を調べたくなるような高級感が漂う。あえてその表記を使った店主の気概も感じられるような気がする。「カレーライス」でも「カレー」でもなく、特に「カリー」という表記を打ち出した看板にも、どこにでもあるカレーとは違う本場の味を主張している雰囲気があり、客のほうも店主の自負を感じるかもしれない。

東京にイタリア料理のピッツァの店が登場した昭和三十年代中ごろには、まだ「ピザ」という語はなく、「ピッツァ」という用語は単に珍しい食べ物をさす外来語であるという以外に、特別な語感は働かなかった。が、その後、その料理が広まり、特にアメリカ型の宅配ピザがはやりだしてからは、日本中で「ピザ」という語が一般的になり、今では「ピッツァ」と呼ぶ人はめったに見かけない。そういう時代になった今、あえて「ピッツァ」という本場イタリアのことばを看板に掲げる店を見ると、そんじょそこらのピザとは違うとする職人の自負を感じる。その語を特に選んで使う客のほうにも、ある種のこだわりがあるのだろう。ことばは情報とともに、そういう自負やこだわりをも相手に送り届ける。

ちなみに、ピザが日本に広まりかけたころ、「ピッツァ」に加えて「ピザパイ」という言い方もあった。まだどういう食べ物かが知られていなかった時代に、これが「パイ」の一種であることを伝えようとした説明的な語形であったろう。

A13　その語を知っている人は①

Q14
［気どりを感じさせる表現］

次の①〜④の空欄には、どれも「短く浅く眠る」という意味のことばが入ります。それぞれの文章の雰囲気に合わせて、もっともふさわしい語をア〜エから選んでください。

①父の病状が少し落ち着いたので、私は（　　）ことにした。
②炬燵《こたつ》で（　　）と風邪を引くわよ。
③縁側でうららかな春の日ざしを浴びながら、心地よさそうに（　　）妻を、かつてないいとおしさを感じながら見つめていた。
④彼はよく仕事中に（　　）。

ア　居眠りをしている　イ　仮眠をとる　ウ　うとうとする　エ　まどろむ

その語を選ぶことで相手に伝わってしまう送り手のあり方は多様だが、おしゃれや気どりもその一つだ。日常語の「あてずっぽう」の代わりに「心あてに」などと古語を用いたり、「永久」の代わりに雅語的な「とこしなえ」を用いたり、「うとうとする」の代わりに優雅な「まどろむ」を用いたりすると、その意味とともに、そういうことばを使う人の気どった態度が相手に伝わる。むろん、古風な趣とは限らない。国会中継で「エビデンス」という語が幅を利かせている。「証拠」よりわかりやすいとでも思っているのかしらん？　「初心者」のことを「ビギナー」と言ったり、「格安」と言わずに「リーズナブル」と言ったり、やたらに英語を使う日本人もふえた。それを〝不必要〟と感じる相手には、やはり気障《きざ》な感じを与えるだろう。「項目」や「品」の代わりにわざわざ「アイテム」という英語を使って「このアイテムのプライスは」などと言う声も聞こえる時代になったから、聞くほうも次第に鈍感になり、そういう語感は弱まりつつあるが、接続詞の「アンド」まで出てくると、つい相手の顔を見てしまう。

「チーム」と言い慣わしてきた外来語を、近年、「ティーム」と発音する例が、NHKのアナウンサーなどを中心に増えている。原語の音に少しでも近づけようとする試みと思われるが、「ゴロ」を「グラウンダー」などと変更しない現在では、日常会話で使うとまだ多少気どった感じに響くだろう。野球の「ファール」を「ファウル」と言うのもそれに近い。その感じは発音だけでなく、そういうカタカナ表記でも同じだ。「パーティー」を日本語としての実際の発音を無視して「パーティ」と書く場合にも似たような感じが意識されるかもしれない。ほんとにそう発音するときはどう書くのかしらん？

A14　①イ　②ウ　③エ　④ア

Q15

たとえば「暑い」に対する「暑苦しい」のように、次の語について、それぞれマイナスイメージを含んだ表現に言い換えてみてください。

①厚い　②薄い　③狭い　④広い　⑤長い

［マイナス評価の伝わる表現］

「方法」や「手段」などと同様、「やり方」ということばは幅広く使えるが、「やり口」という語になると好ましくないイメージがある。「あのやり口が気に入らない」という言い方が自然で、「好感の持てる」とか「良心的な」とかといった形容のあとには使いにくい。「手口」となると、もっと明確に、よくない行為をさし、「巧みな手口で金をだまし取る」「同じ手口の犯行を続ける」のように用いるのが自然だが、犯罪とは限らず、勝負事などで相手のやり方を憎々しげに「小賢《こざか》しい手口」などと評することもある。このように、中立的な「やり方」と違い、「やり口」という語を使うと、それを好ましくないと思っている話し手の気持ちが相手に伝わり、「手口」にすると話し手のマイナス評価という雰囲気がさらに強まる。

「言い方」と「言いぐさ」との関係も似ている。「何という言いぐさだ」「人を小ばかにした言いぐさ」というふうに、「言いぐさ」という語には、その言い方を好ましくないと思っている使い手の気持ちが感じられる。「ようす」という語には評価が含まれないが、「ありさま」という語になると少し悪いニュアンスが伴う。「何というありさまだ！」と叱る場合に多く使い、「ありさまを客観的に描く」のように中立的なとらえ方まではさほど違和感がないが、「すばらしい」のような完全な高評価の次には使いにくい。

「古風」には懐かしい感じがあって、客観的な感じの「古い」よりむしろプラスイメージとなるが、「古めかしい」にはそういう感じが意識されず、「古くさい」となると完全なマイナス評価となる。どの語を用いるかによって、表現者のとらえ方の違いが相手にわかる。

「やたらにしゃべる」「やたらに仕事を言いつける」「やたらに英語を交ぜる」のように、「やたら」という語は、節度なく不必要にといった意味合いを客観的にさすというより、そのことを好ましくないと思っている表現者の気持ちを多分に含んだ、きわめて主観性の強いことばだと言えるだろう。

A15 ①厚ぼったい ②薄っぺら(な) ③せせこましい、狭苦しい ④だだっ広い ⑤長たらしい

Q16　［直接待遇の伝わる表現］

次の①～④は、どれも「言う」という意味のことばですが、「言う」という行為をする人に対する話し手の遇し方が違っています。尊敬する気持ちが強く伝わる表現から順番に並べてください。

①言う　②ほざく　③おっしゃる　④言われる

「食う」と「召し上がる」とはまったく同じ意味で、伊勢えびだろうが納豆だろうが、二の膳付きだろうが手づかみだろうが、食べる物の高級さにも、食べ方の上品さにも関係がない。その行為をする人間をどう待遇するかが違うだけだ。「召し上がる」を使えば、話し手がその人を尊敬する表現を採用した事実が相手に伝わる。「へばる」や「ばてる」に対して「お疲れになる」と言う場合も同様だ。

「寝る」に対する「おやすみになる」、「呼ぶ」に対する「召す」、「着る」に対する「お召しになる」、「年を取る」に対する「お年を召す」、「風邪を引く」に対する「お風邪を召す」、「見る」に対する「ご覧になる」、「出る」に対する「お出になる」、「来る」に対する「いらっしゃる」などは、尊敬表現を採用することで行為の主体に高い待遇を与えている。

「静聴」は単に静かに聴いている意を表すだけだが、「清聴」のほうは、自分の話を聞いてくれる相手の行為に対する尊敬の気持ちを表現する。「がめつい」か「けち」か「締まり屋」か「倹約家」かといった話し手の用語の選択が、聞き手側に与える印象をそれぞれ違った感じにするのも同じである。

「がき」か「子供」か「お子様」か、どのことばを使うかで、その子に対する待遇がまったく違って相手に伝わる。同じく命を無くす意味でも、そのことを「ごねる」「くたばる」と表現するか、単に「死ぬ」と言うか、「亡くなる」程度にするか、それとも「お亡くなりになる」とするかで、当事者に対する話し手の待遇が分かれ、そのことが聞き手にも伝わる。「ほざく」や「ぬかす」と待遇するか、単に「言う」ですませるか、それとも「言われる」程度にするか、あるいは「おっしゃる」を採用するかという、話し手の判断の背後にある気持ちがそのまま聞き手に伝わるのである。

A16 ③→④→①→②

Q 17

［間接待遇の伝わる表現］

次の①〜③の空欄に、それぞれア〜ウの中からもっともふさわしい語を入れてください。

①内覧会で粗品を（　　）する。
②結婚式で両親に花束を（　　）する。
③恩師に自分の著書を（　　）する。

ア　贈呈　イ　進呈　ウ　献呈

「もらい物」も「いただき物」も物は同じで、どちらが珍しいとか高価だとかといったこととは無関係だ。手みやげを「もらう」のも、お祝いの品を「いただく」のも、まったく同じ行為であり、どちらかの人物が身分が高いということとも直接の関係はない。あくまで、自分に物をくれた相手を話し手がどう待遇するかによる違いである。

ただし、「召し上がる」や「お越しになる」などの場合とは、待遇の方法がいくらか異なる。「いらっしゃる」のような尊敬表現の場合は、そういう行為をする人自身を直接高く待遇するのだが、「いただく」のは話し手側だから、その自分自身の行為をへりくだることによって相対的に相手側を高めるという図式になる。この例では「いただく」というその行為の相手の人間に間接的に敬意を表しているのである。

「見る」に対する「拝見する」、「言う」に対する「申し上げる」、「持つ」に対する「お持ちする」などの謙譲表現は、どれもそういう間接的な尊敬待遇に相当する。

「お車が参りました」という丁寧な表現も、一見「お車」が尊敬語、「参る」が謙譲語のように見える。しかし、その車は相手の自家用車とは限らず、どちら側でもないハイヤーでも、話し手の所有する乗用車であっても同じ表現が可能だ。「参る」についても同じことが言える。自前の食事でも「ご飯をいただく」と言うように、時に美化語とも呼ばれるこういう表現を用いても、間接的に丁寧に扱った印象を与えることができる。

また、話し手側に「小社」「拙宅」「弊店」などを使い、相手側に「御社」「尊宅」「貴校」「玉稿」などを用いる、時に丁重語とも呼ばれる表現によっても間接的に高い待遇を伝えることができる。

設問にあげたように、「進呈」は比較的気楽な相手に対して使い、「贈呈」はそれより改まった正式の感じが強く、「献呈」となると、そのどちらよりもさらに相手を敬っている雰囲気が強くなる。

A17　①イ　②ア　③ウ

Q18　［丁重な感じに響く表現］

次の①と②の空欄に、それぞれアとイのうち、よりふさわしい語を入れてください。

① 花に埋もれた先生の（　　）に対面し、思わず涙があふれた。

② 本日未明、都内某所にて身元不明の（　　）が発見された。

ア 死体　　イ なきがら

単なる「いつ」に比べ、「いつぞや」となると、相手を丁寧に扱っている感じになる。「いつか」とくれば「会ったことのある人」でよいが、「いつぞや」となれば「お目にかかった方」とでもしたいところだ。

はっきり「寝る」と言うより、「やすむ」とぼかしたほうが丁寧な感じに響く。同じ漢語でも、「来年度」より「明年度」のほうが改まった感じがあり、丁寧な雰囲気が出る。「今度」の意で「このたび」と言うと改まった気持ちが伝わる。「今般」を使えば、さらに改まった雰囲気となるだろう。「前々から」と比べ、「かねがね」にも丁重な感じが伴う。日常語の「あとで」の代わりに「のちほど」を使えば丁寧に響く。また、同情や共感の気持ちをこめて想像するときに使う「さぞ」にはすでに丁寧な感じがあるが、「さぞや」「さぞかし」のように詠嘆や強調の意を添えれば、さらに丁重な雰囲気となる。

「どのぐらい」よりも「いかほど」、「どれほど」よりも「いかばかり」のほうが古風に響くだけでなく、丁重な感じも増す。「何人」より「幾人」のほうが古風で、少し丁寧な感じもある。「幾たり」とするとさらに古風で奥ゆかしい優雅な雰囲気になる。小津映画の『麦秋』には、原節子の演じる紀子が友人に「お子さん、おいくたり？」と尋ねる場面がある。

同じ小津映画の『彼岸花』には、バーで高橋貞二の演ずる近藤が佐分利信の演ずる会社の上司に対して「はあ、イエ」「はあ、すみません」「はあ、頂きます」と「はあ」を連発する場面が出てくる。近年はあまり使われないが、「はあ」は「はい」以上に恐縮した感じに響く。

「遺体」も同様に、「死体」や「死骸」とは違って、死者に対する敬意や親愛の情が感じられ、話し手の丁重さが加わる。「遺骸」も、死後時間の経過した感じを伴う点を別にすれば、基本的に「遺体」と共通する。その古風な和風表現にあたる「なきがら」という語にも、そういう敬意や親愛の気持ちがこもり、いずれも送り手の丁重な態度を感じさせる。

A18　①イ　②ア

Q19

①「自分の妻」、②「話し相手の妻」または「他の人の妻」をさす語を、それぞれ思いつくかぎりあげてください。

［謙遜の気持ちが伝わる表現］

「思う」や「知る」という意味に使われる「存ずる」自体も謙譲表現だが、主に「知る」という意味で使われる「存じ上げる」はそれ以上に丁寧な感じを漂わせる。

「いただき物」も、「間接待遇」の項で述べたように「もらい物」の謙譲表現として位置づけることもあるが、実際には物の贈り主や話す相手に対する待遇というよりも、丁寧に遇することで話し手自身の品格を保持する目的で特にこの語を選ぶ場合もある。謙譲という意味合いは薄れても、やわらかく丁寧な雰囲気をつくりだしていることに変わりはない。

「いえの者」という語は家族のほか同居人や使用人を含む意味合いで使われ、個人を特定しない形を利用して、それとなく妻を暗示する例もまれにある。「うちの者」も家族や同居人を漠然とさす用語だが、こちらは暗に妻をさす例が少なくない。ストレートに表現することを照れる年輩者が愛用する傾向がある。なお、この種の表現を女性が夫のことをさすのに用いると「うちの人」となり、「者」より若干格上げされる。

女性の社会進出とともに実情に合わなくなり、近年は女性からあまり好まれないが、長い間一般によく使われてきた「家内」という語も間接表現の一種だ。これらのぼかしは結果として謙称の効果をも兼ねることになる。なお、時代に合わせて「家外」と呼ぶ例はまだ見かけない。

日本語の世界では妻をさす呼称が実に豊富だ。近年よく使うずばり「妻」以外にいろいろある。伝統的な「女房」や「かみさん」、ちょっと気障な「ワイフ」などは、いささか古風ながら今でもまだ耳にする。関西では「嫁」もよく使う。

さすがにこの頃はめったに聞かないが、「妻《さい》」や、同等以下なら他人にも使える「細君」もある。生活の現実に合わなくなったが、妻の外出が少なかった昔は「奥」という語もあって身分の高い人が自分の妻をさして使った。今は実態と無関係に他人の場合に、「奥さん」「奥様」「奥方」と次第に丁寧になるように使い分ける。

ぞんざいながら親しみのこもった「かかあ」もあった。小林秀雄も使った「山の神」は今の若い人ならむしろ箱根駅伝の連想が強いかもしれない。どんな賢夫人にもかまわず使った「愚妻」は今は集中砲火を浴びているが、「愚」は世間慣れせず未熟さを残す意の謙称にすぎず、昔のコラム『ブラリひょうたん』には、筆者の高田保が「いとしの」という気持ちをこめて使ったという美談が載っている。ただし、それは互いの欠点が許し合えるようになってからのことで、新婚間もない頃は怖くてとても使えなかったらしい。

相手側をさす語も、今でも使う「夫人」のほか、「令夫人」「内室」「令室」「令閨《れいけい》」から「お内儀」「御新造《ごしんぞう》」「御寮人《ごりょうにん》」と数多い。昔の日本男子はたいていシャイだったし、こういう話題で露骨な表現を避けるのは、ある種のたしなみでもあった。

A19　回答例（五十音順）

①いえの者、うちの者、うちのやつ、奥、かあちゃん、かかあ、家内、かみさん、愚妻、荊妻《けいさい》、妻《さい》、細君、妻《つま》、連れ合い、女房、フラウ、山の神、嫁、ワイフなど。

②おかみさん、奥方、奥様、奥さん、お内儀、かみさん、賢夫人、御新造《ごしんぞう》、御寮人《ごりょうにん》、細君、夫人、マダム、令閨《れいけい》、令室、令夫人など。

コラム 2 ―― 夫と妻の数比べ

妻をさすことばに比べ、夫をさすことばは極端に少ない。特に他人の夫に使えるのは「ご主人」か「旦那さん」といった古くさい言い方だけだ。世の女性のそんな不満げな問いかけにつられて、ほんとかいなと立ち入った実態調査に乗り出した。

まず、夫と妻の双方をさせる「配偶者」は法律めいた雰囲気が強く、日常のやりとりに使うと手紙でさえひんやりと隙間風が吹く。古風な「ベターハーフ」は甘ったるく、他人の前ではのろけた感じになる。近年よく使われる「パートナー」は入籍していないにおいがどことなく漂って妙に気になる。見捨てられていた昔風の「連れ合い」にこのところ復調の兆しが見えるのは、男女兼用の日常語が見あたらないせいかもしれない。

女性が自分の配偶者をさして他人に言う語としては「主人」「旦那」「亭主」が使われてきたが、一家をとりしきる偉そうな空気が近代女性には評判が悪い。「良人《りょうじん》」はまったく通じないし、奥様連中の「宅」という呼び方も古びたし、ちょいと気どった「ハズ(バンド)」も流行おくれだ。遠い昔に威勢のいいおかみさんが使った「兵六《ひょうろく》(玉《だま》)」「宿六《やどろく》」「旦《だん》つく」も消えたのは、考えてみるといささか惜しい気もする。

「うちの人」という婉曲表現はまだ時に聞こえてくるが、他人の夫を「外の人」と言えないから残念ながらセットにならない。以前、自分も田中なのに夫をさして「田中は」と言う奇妙な用法がはやり、今でもたまにお目にかかる。それに便乗して相手も「田中さん」と言って話題にすると、夫婦の間に水をさす感じになりかねない。

最近は配偶者を明快に「夫」と呼ぶ颯爽とした言動が女性の間で人気らしい。が、これも相手がそれに便乗して気軽に「夫さん」と応じるわけにはいかないから、悩みは解消しない。今のところは、「主人」の意味を深く考えず、二字分の記号として感情をこめずに「ご主人」と淡々と発音するあたりが無難なようだ。

一方、本文でとりあげたように、配偶者である女性のほうの呼び名はたしかに豊富だ。日本の男のはにかみが多くの間接表現を生んだせいもあるかもしれないが、夫と妻とのこの不均衡は、社会に出た男性どうしの対話や正式の書簡などに比べ、女性どうしの対話場面が限られた関係者の間でのみくり返されてきた、という歴史的な事情によって生じたという面が大きいだろう。

少ないのは単に夫をさすことばだけではない。「愛妻」も「新妻《にいづま》」も「思い妻」も「恋女房」も、それに対応する男性版はない。「人夫」も「人妻」の対ではないのである。

[ぞんざいな感じの表現]

Q20

次の①〜④に、それぞれもっともふさわしい語をア〜エの中から選んでください。

「自暴自棄」の意を表す「　①　」だけではさほどぞんざいな響きはないが、「こうなりゃもう(　②　)だ」となると俗語的な感じが増し、「　③　」まで来ると俗語的なだけでなくぞんざいな感じが強くなる。映画『男はつらいよ』では、寅さんのたたき売りの口上として「(　④　)日焼けのなすび」が使われていたが、この人名めかした言い方になると、さらにユーモラスに強調した表現になる。

ア　やけっぱち　　イ　やけ　　ウ　やけのやんぱち　　エ　やけくそ

「顔」の意味で「つら」と言うと、ぞんざいに扱っている感じが出る。「どのつら下げて」のようにちょっと「顔」に置き換えにくい用法もあるが、そういう言い方自体にののしる感じが強い。「大きなつらをしやがって」のような例では抵抗なく「顔」とも言えるから、はっきりとぞんざいな響きがある。「おれ」という語は、男がくだけた会話で相手に親しみを感じて使う場合もあるが、「ぼく」に比べて一般にぞんざいな感じだ。それだけに近年その使用範囲が広がって、社内で上司に向かって使うシーンを見かけるときは気になる。

「腹」という語はかつて男性の用いる一般的なことばだったが、「おなか」という語を男も広く使うようになった今では、以前よりぞんざいな感じに響く。「昼めし」も昔はごく普通のことばだったが、現代では「昼ご飯」のぞんざいな言い方という位置づけになりつつある。同じように、「ご飯」ということばが特に丁寧な感じもなく普通に使われるようになるにつれて、「めしつぶ」「めしびつ」「めし時」「めし屋」「めしのたね」「焼きめし」のように、どこの家庭でもごく普通に使った「めし」の品位が今やいちじるしく下落した。

「小便」という露骨な語も、男性が改まらない会話などで使うことのあることばで、「おしっこ」よりぞんざいな響きが強い。「おなら」に対する「屁」も同様だ。

「妻」をさす「かかあ」という語もぞんざいな響きをもつが、親しみをこめて言うことも、軽蔑の気持ちが入ることも、また、謙遜の気持ちが交じることもある。とはいえ、いずれにしてもぞんざいな感じはぬぐえない。

A20　①イ　②ア　③エ　④ウ

［軽蔑の気持ちが伝わる表現］

Q21

次の①～③について、文章の調子にもっとも合うものをア～ウから選んでください。

① 黙れ、この【ア 若者　イ 青二才　ウ 青年】！

② こいつめ、何を【ア 言う　イ 申す　ウ ほざく】か。

③【ア お巡り　イ 警察官　ウ 巡査】なんぞにつかまってたまるか。

仲のよい間は「お爺さん」「お婆さん」と呼んでいるのに、喧嘩《けんか》が始まると同じ相手を「じじい」「ばばあ」と呼ぶこともある。呼ばれたほうも当然、その一方的な名称変更に腹を立てる。意味内容に大きな変化がなく、丁寧な響きを伴っていた「お」や「さん」が脱落しただけのように見えるが、そう言われたとたんにかっと来るのは、その語形の奥に、話し手が相手を軽蔑する意図を聞き手が察知するからである。

同じように、「彼」とか「あの男」とかということばで呼んでいた相手を「この野郎」と野郎呼ばわりする。相手が女の場合は昔は「この阿魔《あま》」と言ったようだが、今はほとんど聞かない。どちらのことばにも軽蔑の気持ちが含まれていて、そのことが相手を刺激する。

井伏鱒二の小説『鯉』に友人の「愛人」の家に鯉を預かってもらう話がある。このように以前は単に「恋人」といった意味合いで使っていた「愛人」という語は、現在では配偶者以外の異性をさすことが多く、道義にもとるマイナスの響きがつきまとう。そういう関係の人をもとをさしていた「いろ」や「情人」「情婦」といった古めかしい語には、いずれも好ましくない感じが付着し、話し手の軽蔑の感情も漂う。

「する」に対する「しやがる」、「言う」に対する「ぬかす」「ほざく」、「死ぬ」に対する「くたばる」「ごねる」などでは、その主体に対する話し手の軽蔑感情があからさまに出ている。

尾崎一雄宅を訪ねた折、戦時中の検閲でひっかからないための苦労話が出て、この作家は「読む人が読めば随分エロチックなことを書いてるのに、お巡《まわ》りにはわからない、そういう書き方」と発言した。「さん」の付かないこの「お巡り」という語には、「警官」や「巡査」ということばとは違って、その相手をいくらか軽んずる雰囲気がある。

「若者」という語も、「いい若者だ」とか「若者らしく溌溂《はつらつ》としている」とかと使うときはまったく感じられないが、「今時《いまどき》の若者は」「この頃の若者ときたら」という批判的な言辞に使われると、その「若者」ということば自体に軽んじる響きが感じられることもある。

A21　①イ　②ウ　③ア

Q22

［差別意識の伝わる表現］

「田舎」ということばはさまざまなニュアンスで使われます。次の①〜④の中から、「田舎」を見下したニュアンスを感じる表現を選んでください。

①まったく、あいつは田舎者で礼儀というものを知らないんだよ。
②お盆には田舎に帰るつもりです。
③そんな田舎くさい服装はやめたまえ。
④心づくしの田舎料理に、心安らぐひとときを過ごした。

以前、本州を「表日本」と「裏日本」に二分した時期があった。アメリカに向いた太平洋側が表、ロシアに向いた日本海側が裏に相当するが、首都の東京を表玄関と考えたかったのだろう。「正門」に対する「裏門」、「玄関」に対する「裏口」は格が落ちる感じがあるし、「裏街道」「裏金」「裏取引」から「裏目に出る」「裏切る」といった悪い連想も働き、「裏日本」と言われると、日本海側に住む人は、冷遇されたとまでは思わないにしろ、大事に扱われていない感じで、いい気分はしなかっただろう。

「裏」という漢字はもともと衣服の裏側を意味したという。「浦」も外海《そとうみ》に対する裏で、内側の入り江にあたる。衣服の裏側はつまり内側だから体に近い側で、人間を基準に考えれば表側よりむしろ中心に近いほうにあたる。肉体の中央に精神が宿ると考えたのか、「うらむ」「うら悲しい」「うらやましい」などのように、「うら」はやがて「心」を意味するようになる。そう考えれば「裏日本」は国の中心という雰囲気になるのだが、「内日本」などとは違って、「裏」の部分が、陰に隠れた、正式でないといった悪いイメージが強く、そういう差別的な意識が嫌われて、今では使用を控える語として定着した。

学術的な「近視」は問題ないのに日常語の「近眼」はそういう差別的な語感が問題になる。店をさす「八百屋」「魚屋」は問題ないのに、その語が職業や人をさすと同じ問題が起こる。差別の問題は意味ではなく意識の問題だから、とかく微妙な場合が多い。

地方蔑視の問題もある。「ど田舎の生まれ」「服装が田舎くさい」「田舎者で礼儀を知らない」といった言い方には、都会人の立場から、地方というものを未発達で洗練されていないとして見下した感じがあり、言われたほうは面白くない。しかし、このような差別発言は話し手の意識ひいてはその人間性の問題であって、「田舎」という語そのものに蔑視の感情がこもっているわけではない。事実、「田舎料理」ということばには蔑視の気持ちは皆無であり、「田舎でのんびりと過ごす」という言い方にも差別的な感情は一切ない。「田舎」という単語にはふるさとのぬくもりに似た雰囲気があり、人の心をなごませる一面もたしかにある。「久しぶりに田舎に帰る」という懐かしい気分は、「地方」や「地域」という語では出てこない。

冷静に考えてみれば、背景に格差を認める差別意識が感じられて気になる現象は日常生活のそこここに見られる。標高の高い信州から東京方面の低い土地に下りて行く列車が、なぜ「上り」なのか。東京都の区分地図は、古い順でも五十音順でもなく千代田区から始まり、きまって二十三区以外は後ろにまわされる。郵便番号も9の後に出る0は別にして東京都心に近いほど若い番号になっている。

差別の感覚は微妙で、差別語ということばだけの問題にはとどまらない。古い差別的な制度や価値観と深く結びついたことばそのものに注意をはらう必要があるのはもちろんだが、その語が使われる背景や文脈によるところも大きい。尊敬できる人が好意的な発言中に不注意に口にした用語はとがめる気にならず、いつもいばっている人や意地悪な人間が相手を見下した発言中に同じ単語が出ると許せない気分になる。論理的に筋は通らないが、それが現実の心理である。差別語の問題は理屈ではない。話し手と聞き手との信頼関係がひとつのカギを握っている。要はものの見方であり、すべては人をいたわる話し手の意識にかかっている。

A22　①と③

Q23

［忌避意識の伝わる表現］

「あいつもとうとうおめでたくなったそうだ」の「おめでたくなる」とは、どういう意味でしょうか。

①結婚する　②子供ができる　③昇進する　④破産する　⑤死ぬ

太宰治の初期の小説『葉』は、ページを開くといきなり「死のうと思っていた」というショッキングな一文で始まる。現代ではもっとも露骨なこの「死ぬ」という語でさえも一説に「しに往《い》ぬ」(行ってしまった)からとするなど、もとは何らかの間接表現であったようだ。人間だれしも、考えたくもない不吉な事柄を直接指し示すことばは発したくない。はじめは死という現象をほのめかすだけだった語も、くりかえし使っているうちに意味と直結するようになり、間接表現としての機能が薄れる。そのため次から次へと新しい婉曲《えんきょく》表現を試みてきた。こうして、死を暗示するおびただしい数の言い方が生まれ、今も用いられる語だけで相当の数に上る。

死というものを、長期に及ぶ睡眠ととらえ直し、「永眠」とか「永い眠りに就く」とかという表現が成立する。この世を通り過ぎると解釈して「逝去」が生まれ、そのまま長らく帰ってこないとして「長逝」が誕生する。古語の「みまかる」も「身」が「罷《まか》る」、すなわち、体がこの世から退出する意の婉曲表現だ。出かけて行った先で生きる意の「往生《おうじょう》」があり、この世とは違う別の世界に住むと考えて「他界」が成立する。天に昇ると想像した「昇天」はキリスト教の発想にも通う。天子などの高貴な身分に用いる「崩御」は「くずおれる」と考えた用語だ。どの言い方も死を別の概念としてとらえ直そうとする悲痛な努力の跡がうかがわれる。

そのほか、結果として姿が見えなくなるところから「お隠れになる」という尊敬表現が登場した。この世界に存在しなくなる点に着目して「無くなる」と考える試みもある。「亡くなる」と書いて用字で死のヒントを与える書きことばでは、それだけ婉曲性が弱まる。やはり「なくなる」意の漢字「歿」を用いて「歿する」と書く表現もある。その表外字を常用漢字の「没」で代用して「没する」と書く場合は、「沈む」と解釈した比喩的表現にあたる。どこかに行ってしまったと解釈して「ゆく」とする試みも見られるが、「行く」ではわかりにくいので「逝く」と書く習慣がある。古風な文章では「たおれる」と解し、「倒れる」では通じにくいため「斃れる」と書く。どちらも特別の漢字にすると間接性は減る。

さらに、「あえなくなる」「いけなくなる」「はかなくなる」「むなしくなる」から、「息絶える」「息を引き取る」「帰らぬ人となる」「天に召される」「仏になる」「露と消える」などという表現もあり、「土に戻る」「アトムに帰る」とも言うらしい。

このような数々の間接表現のうち、抽象化し、婉曲性を高めた表現ほど、送り手が「死」という現象を強く忌避している心の動きが、受け手にも伝わると考えられる。〈死〉の場合は、その現象を遠ざけたいために、それをストレートに指示すると考える「死」や「死ぬ」という語を避ける。現象に対する個人的な思いとは別に、社会の文化的な理由から、人前でそういう話題を露骨にとりあげないことになっており、たしなみとして直接表現を避ける場合も多い。人間が大小便を排泄するために設けた場所を指し示す日本語はその代表的な一つで、表現が実に多彩だ。

もっとも率直な言い方は「便所」で、小島信夫の『汽車の中』に「いくつかの座席を越えて便所へ辿《たど》りつくことは、アルプスの峻嶮を越えるが如きものだ」と戦後の混雑ぶりを戯画化した例がある。だが、現代人にとってはあまりに露骨に感じられるため、「公衆便所」「便所掃除」のような伝統的な用語や法律や教科書中の記述などの場合を除いて実生活ではあまり使わない。人前で口にすることばとしては間接的な表現が好まれ、その点、「せっちん」という古めかしいことばは関係がきわめてたどりにくい。便所掃除を担当した禅師の名の一字「雪」と、その寺の名の一字「隠」とを組み合わせた「セツイン」からの音転だとされるが、そんな語源を知らない一般の人には判じ物めいて、婉曲表現としての消臭効果は高かっただろう。

抽象化した呼び名もある。排泄物は汚いもの、すなわち「不浄」であり、そのための施設を「御不浄」と称するのはその一例だ。文化国家では人前をはばかるとして「はばかり」と呼ぶのもそういう例だ。どちらも古くなって今ではめったに耳にしない。デパートでそのどちらかの語を使って店員にありかを尋ねると「上司に聞いてまいります」と言われる時代になった。

焦点をずらす間接化もある。古風な「ちょうず場」という語はそうした名づけだ。「ちょうず」は「手水《てみず》」の音便形で、手を洗う水をさしたが、手を洗う行為をも含み、排便する場所の近くにそのための「手水鉢《ちょうずばち》」を置く。便所とその周辺は「手水をつかう」場所として「手水場《ちょうずば》」と呼ばれた。排便という主たる目的を捨象し、手を洗うというその次の行為に焦点を移した命名法だ。現在でもまだ使われる「お手洗い」という語の発想はその延長線上にある。手水鉢とは違って流しが設置されていることが多く、従属的な行為である「手洗い」のほうを表に出して、便所全体をほのめかす表現である。それによって「手洗いに立つ」といったすっきりとした表現で、主たる行為をさりげなくさすことが可能になった。

手洗い用の流しが大きくなれば顔も洗えるため、「洗面所」という語で便所をほのめかす表現も生じた。似たような原理に立つ命名だが、手でなく顔であるところから、さらに婉曲さを増す。手洗いと違って「洗面」という行為は用便と直接つながらない。また、その語はまさに洗面のための部屋をさすこともあり、表現の間接的な効果はさらに大きくなる。顔を洗うための洗面所は鏡を備えていることが多く、白粉《おしろい》や口紅などで顔の化粧をすることもできるため、「化粧室」と呼ぶことも可能だ。ここまで来ると、排泄行為との関係がますます遠ざかり、婉曲すぎて相手にきちんと通じない不安もある。

「化粧室」を意味する英語の「トイレット・ルーム」が「便所」をほのめかすようになったらしいが、日本語の発音では長すぎるため単に「トイレット」として借用し、それでも長いとして「トイレ」に縮めた結果、音入れならぬ「おトイレ」まで誕生。理屈のうえでは関係がいよいよたどりにくくなるはずだが、どのような間接表現も使っているうちに婉曲な感じが薄れ、この語も「ウォーター・クローゼット」の略語「WC」のように次第に対象と直結するようになった。「化粧室」でさえすぐに「便所」を意識する段階に達したのか、デパートなどでは「レストルーム」とぼかして上品に見せる試みも見かける。漢語の「休憩室」のほうは便所をさす例がないから、通じさえすれば婉曲表現としての効果は大きい。

古くは「閑所《かんじょ》」とか「思案所」とかということばも使われた。韓国のある寺にはどう発音するのか「解憂所」という表示があったという。どれも思いがけない方向にずらした換喩的な名づけだ。幸田文の随筆には「山」とか「高野山」とかといった難解で粋な例も出てくる。前者は「草木(臭き)のある」ところ、後者は「髪(紙)を落とす」場所だという。

A23　⑤(不吉な死を反対に「めでたい」ととらえた逆説的な婉曲表現)

第2部　言われた〈もの〉はどんなもの？

――「紅顔」と「赤ら顔」、思い浮かべる顔は（表現対象の履歴）

Q24

［性別によって異なる表現］

次の①〜③について、それぞれ女性に対してより多く使うのはどちらでしょうか。

① ア　恰幅のいい人　　イ　豊満な体つきの人
② ア　か弱い人　　イ　弱い人
③ ア　性格のいい人　　イ　気立てのいい人

第1部では〈表現する人〉の特徴がわかる表現をとりあげたが、第2部では〈表現される対象〉となるもの・こと・人の特徴がどのように伝わるかを見てみることにしよう。

第1部と同じように、まずは性別の問題から。「才媛」や「熱血漢」のように、そもそもことばの意味に性別を含んでいるものもあるが、語感により性別を感じる場合もある。医者の家の息子が「自分の父は弁護士だ」と言うと嘘つきと誤解されやすい。母が医者なら筋が通るのだが、「医者」という語からすぐ男を連想して話がこんがらかる。「女医」という語があって「男医」という語がなく、「女弁護士」という言い方はあっても「男弁護士」などとは言わない事実に象徴されるとおり、かつては医者も弁護士も圧倒的に男が多かったからだろう。そのことばのこういう使用歴の偏りが、男性的な語感をもたらしたものと思われる。

実際には女の役者も大勢いるのに、「俳優」という語からもなぜか男性を連想しやすい。「女優」という語も「男優」という語も両方あるのに、使用頻度は前者のほうがはるかに高い。「女医」のケースと同様、「俳優」という語が男を連想させやすかったために必要に応じて「女優」ということばがまず生まれ、その語が普及した結果それと対応する語が必要になって「男優」ということばを新たに作り出したのだろう。が、現在でも、職業として「女優」を名のる俳優はけっこういそうだが、わざわざ「男優」と名のる俳優は想像しにくい。

「凜々しい」という語もどちらかといえば男性に用いることが多い。女性にふくよかさを求めた時代に、男性はきりりと引き締まった表情や態度が期待されたからだろう。その逆方向にある「軟弱」という語も、優しさを求められた女性より、強さを求められた男性だからこそ、世間的なレベルでの期待はずれとして話題になりやすく、明らかに男性のイメージを思い起こさせる。働きがあって頼もしい意の「甲斐性《かいしょう》」という語がすぐに男を思わせるのも、やはり生活費を男が稼ぐことの多かった当時の社会を反映している。

「バンカラ」という古風な語ははっきりと男を連想させる。遠い昔、学らんの上のボタンをはずし、腰に手拭をぶらさげて、朴歯《ほおば》の下駄をつっかけた学生が闊歩していた。文明に逆らったいかにも粗野な姿に見えたことだろう。当時はやった「ハイカラ」という語に「野蛮」の「蛮」をあしらった語呂合わせとして生まれたのが、この「蛮カラ」らしい。語義の点では特に性別の制限はないが、同じく汚らしい恰好をてらっていても、勇壮活発な現代の女子学生にこの語を使いにくいのは、男に使用してきたという履歴が邪魔をするからだろう。「排尿」という語は男女の別なく使えるのに、「放尿」となると女性に使いにくくなるのも、かつての使用歴から男性による戸外での不作法な行為を連想させるからだ。「理髪」「散髪」「調髪」「整髪」といった語も同様だ。今や床屋は「メンズヘア」という看板も見かけるほど男性客でもっているという社会の生活形態が、語義とは無関係な性別の語感を発散させているのだろう。

逆に女性のイメージを呼び起こすことばも多い。「パジャマ」は男女ともに着用するが、「ネグリジェ」は女性専用だ。ああいう装飾性の勝ったワンピース型のものを男性は着用しないから、それは語感というよりも、フランス語を借用しておしゃれな感じを出したこのことばの意味との関係である。「胸」や「胸部」は男女の別なく使うが、「バスト」となると女性の体を連想しやすい。もともとは同じ意味でも、この語は胸まわりのサイズの意味で使うことが多く、主に女性の体型の話題で用いられてきたことから生じた語感である。

甲高い声は男にもあるが、「金切り声」となるとすぐ女の叫び声を連想する。「りゅうよう」と読む「柳腰」は「やなぎごし」という訓読みのほうがよく使われた。柳の枝のように細くてやわらかな腰というだけの意味だが、この語から連想されるのは浮世絵や美人画に登場する着物姿の女性のなよなよした腰つきに限定され、男性はもちろん、洋服姿の女性にさえイメージが反発して使いにくい。「小股の切れ上がった」という古い形容もそれに似ている。

女性がたくましくなった現代でも、「か弱い」ということばはすぐに女と結びつく。「清楚な」とか「楚々とした」とかという形容も、男性に使えば誤用とまでは言えないにせよ、女性に対する例がほとんどだったため、今でも男に使うには抵抗がある。程度はともかく、「しとやか」にも同じ傾向が見られる。「気立てがいい」となると男にも使えるが、それでも印象としては女のほうがぴったりする。男は気立てよりも頼りがいのあることが期待された関係で、「気立てのいい娘」のような使い方が多かったという履歴が関連しているのだろう。

古めかしい「おきゃん」はほぼ女性専用だったし、「世間ずれ」とは違って、「すれっからし」となるとやはりすぐ女を連想する。同じく、「深窓の」という形容は「令嬢」と続いて落ち着いた感じになる。現実にそういう育ち方をした男性がいても、ことばの使用歴からこういう表現は避けるだろう。「色っぽい」は男に使うこともあるが、女に用いる例が圧倒的に多い。「あだっぽい」「艶《つや》っぽい」「なまめかしい」「妖艶」などはそれ以上に女性的な語感が強い。

A24 ①イ ②ア ③イ

Q25

［年齢によって異なる表現］

次の①〜③の空欄に、ア〜ウの中からもっともふさわしい語を入れてください。

①（　　　）な子供　②（　　　）な乙女　③（　　　）な好青年

ア　純情　イ　純真　ウ　清純

「愛くるしい」は、子供のうちでも幼児というイメージが強い。「あどけない」や古語に近い「いとけない」なども小さな子供を思わせる。「愛らしい」や「かわいい」のあたりになると適用年齢の幅がもう少し広がり、女子高生や二十歳前後まで含まれる感じになる。近年はこの語の年下に向けられた視線が意識されず、学生が先生に対して「センセイ、かわいい」と言ったり、若者が老人に「あのおじいさん、かわいい」と言ったりすることさえある。

「おさな心」や「子供心」は意味の上でも子供に限るが、同じ意味でも「童心」となると、大人について比喩的に使う用例も少なくない。「悪さをする」の「わるさ」も、大人のちょっとした悪戯《いたずら》をさして使うこともあるが、圧倒的に多くは子供を連想させる。「物分かり」は年齢を問わずに使えるが、「聞き分け」となるとすぐに子供を思い浮かべる。

性別の箇所でふれた「すれっからし」は主に比較的若い女性に使ってきたため、女性でも人生経験の豊かな年輩者には使いにくい語感が生じた。「末頼もしい」は将来が期待されるという意味だから、先の長い子供や若者について用い、初老以降の人物に使えば違和感が生じる。「有為《ゆうい》の人材」などの「有為」は、「末頼もしい」とは違って、ごく若い年齢に限る感じはないが、それでも初老以降の人に使えばやはり違和感が出る。「意地っ張り」という語に年齢制限はまったくないはずだが、それでも比較的若い人間に使いそうな雰囲気があり、老齢になると「頑固」のほうがぴったりするかもしれない。

「紅顔《こうがん》」という語は生気のみなぎる血色のよい顔をさし、若々しい女性や、男性でも健康で初々しい少年に用いてきた。特に「紅顔可憐な」となれば「美少女」や「美少年」と続く例が多い。同じく血色のよい顔であっても、残念ながらオヤジは「赤ら顔」に格下げされる。

「しとやか」といった形容には大人のたしなみが感じられ、子供には使いにくい語感がある。いくらおとなしい子であっても「しとやかな幼稚園児」といった表現は笑いを誘うだろう。

「若作り」は意味としては実年齢より若く見えるように装うことだが、年齢不相応な装いをする必要があるのは自分の実年齢が気になる年だからであって、二十代の女性が中高生のような服装をする場合に使うと違和感があるだろう。中年が近づいてきたころから老年前期あたりの人を思わせる語感が漂う。「老獪《ろうかい》」ということばも多く中高年の人に対する形容を連想させやすい。

「矍鑠《かくしゃく》」という語は老人に限って使う感じが強い。肉体的に衰えて満足な活動がおぼつかなくなるはずの老人に対して、いくぶんの驚きや感動をもって用いるのが一般的だろう。したがって、まだ充分に活動できるはずの中年くらいの人に使うと、語感として違和感がある。「矍」は元気のよい意、「鑠」は光り輝く意だから、字義どおりの意味そのものというより、びっくりするぐらい元気だと、いくぶんの感動をもって長く高齢者に用いてきた履歴から生じた意味合いなのだろう。そういうものが、いわば表現される対象側からの照り返しのように、ことばの意味とも見える頑固な語感として定着したものと思われる。

「清純」は主に若い女性に用い、男性でもごく若い相手に限る。性格が清らかで世間の汚れに染まっていない人間は老人にもいないわけではないが、「清純な中年男」「清純なおばあさん」というと滑稽に響き、「清純な幼児」という当然すぎる例もぴったり来ない。

A25　①イ　②ウ　③ア

コラム3――年齢の異名めぐり

人にあだ名のあるように、年齢にも中国の故事にもとづく異名が多い。論語に「吾《われ》十有五にして学に志す」「三十にして立つ」「四十にして惑わず」「五十にして天命を知る」「六十にして耳順《したが》う」とあるところから、それぞれ「志学」「而立《じりつ》」「不惑」「知命」「耳順《じじゅん》」という呼称が使われる。杜甫《とほ》の詩の一節「人生七十古来稀《まれ》なり」から出た「古稀《こき》」も有名だ。古代中国では二十歳を「弱」と称し、男子は元服して冠をかぶったことから「弱冠」と呼んだが、「若《じゃく》」の連想もあってか単に若い意の俗用もある。

十干と十二支を組み合わせる暦は10と12との公倍数である60年で一巡し、次に最初の「干支《えと》」に戻るため、「還暦」が数え年六十一歳の称となった。「本卦《ほんけ》(生年の干支)還《がえ》り」ともいう。長寿を祝う年齢に達すると、漢字の形にちなむ別称も用意されている。「華」の字が「十」が六つと「一」に分解できると考え、干支の最初の「甲子《きのえね》」を「甲」と略して、「華甲《かこう》」で婉曲に六十一歳をさす。「喜寿」は「喜」の草書体「㐂」を分解すると「七十七」になるところから七十七歳、「傘寿《さんじゅ》」は「傘」の略字「仐」を分解すると「八十」になるところから八十歳、「米寿」は「米」を分解すると「八十八」になるところから八十八歳、「卒寿」は「卒」の俗字「卆」を分解すると「九十」になるところから九十歳、「白寿」は「白」が「百」から「一」を取り去った形であるところから九十九歳を意味する。

「揺籃期《ようらんき》」は揺《ゆ》り籃《かご》に寝ている幼児の頃をさし、「反抗期」は幼年期と少年期のうち成長過程で親に反抗的になりやすいそれぞれの一時期をさす。「変声期」は少年から青年に移る声変わりの時期だ。人生の春にあたるのが青春時代だが、その前に異性への関心の高まる一時期を「思春期」とぼかし、子供から大人に向かう十二〜十七歳あたりをさす。

　大人になりきるのが「成年」で、民法上は二十歳以降を意味する。その前が「未成年」だ。成年前後から二十代が「青年」、働き盛りの三〜四十代が「壮年」、四〜五十代が「中年」というのが現代の通り相場だろう。「分別《ふんべつ》盛り」と見れば悪くないが、「中年女」には「中年の女性」にはない図々しい語感が漂う。井上ひさしは『犯罪調書』で「思いつめた目をした中年男が冷たく光る鋭利な刃物を握りしめ、娘の下腹部へ」と殺人事件めかして描く際、「中年の男性」にはない「中年男」の使用歴から出るいやらしいにおいを発散させてもっともらしさを演出し、帝王切開の手術場面だという情報をみごとに待機させた。

　老人の仲間入りをするのが「初老」で昔は四十歳。今の感覚では六十前後だろう。「晩年」は人生の終期。生存中に使うと、勝手にきめるなとどやされる。非礼にも「後期高齢者」という無神経な語まではびこる。「高貴な好齢者」と労《いたわ》るセンスがないのかしらん？

Q 26

［特徴を思い出させる表現］

次の①〜⑤の空欄に、ア〜オの中からもっともふさわしいものを入れてください。

①（　　）のような目　②（　　）のような脚　③（　　）のような口

④（　　）のような顔　⑤（　　）のような鼻

ア かば　イ かもしか　ウ 鷹《たか》　エ 猿　オ 鷲《わし》

「霞ヶ関」も「永田町」も「兜町《かぶとちょう》」も「吉原」も地名だが、それぞれの土地をさす一方、順に官僚組織や政界や株式市場や遊郭という連想を誘う。というより、むしろそのイメージのほうが強い。「ホワイトハウス」も単なる白亜の殿堂ではなく、米国の大統領官邸であり、時には合衆国政府の象徴ともなる。このように、ある種のことばは、意味の全体像を平均的に刻むというより、その語の指示対象のうち一部の特徴的な部分が前面に大きく浮かび上がり、相手に強く働きかける。

若い世代にはなじみの薄くなった「小錦」という力士の名も、引退後しばらくすると、元大関だとか豪快な突っ張りだとか膝の故障だとか蚤《のみ》の心臓と評されたとかといった情報は水面下に沈み、もっぱらあの二五〇キロを超す巨大な体軀が意識の前面に浮かんで、いつか「巨漢」

の代名詞のように響いた。そのことばの指示する対象全体というより特に印象的な面がいわばその照り返しとなって聞き手に届く場合もあるのである。

「猿」という語から、猿面《さるめん》といわれる独特の顔、赤い尻、木登り上手といった特徴をまず思い浮かべ、「出目金」という語からはひれや泳ぎ方より、あの飛び出した特徴的な目をまず思い浮かべる。「レモン」ということばから淡い黄色と酸味を、「バナナ」ということばから黄色い皮と滑りやすさをすぐにイメージするのも同様だ。

「かもしか」ということばから細長い脚部を、「きりん」ということばから長い首を、「豚」ということばから肥った体を、また、日本人なら「からす」ということばから黒い羽とあの鳴き声と不吉さを連想しやすいだろう。

同じ文化に育った人間にはかなり共通したイメージができあがっている。つまり、そのことばがくりかえし指し示してきた表現対象のうち、特に際立った特徴の記憶がその語によって瞬間的に呼び起こされるところから生じる語感である。

A26　①ウ　②イ　③ア　④エ　⑤オ

Q 27

［伝統文化のしみついた表現］

①②について、ことばのイメージにもっともふさわしいものを、それぞれア〜エの中から選んでください。

① いさぎよい
ア 梅　イ 桃　ウ 桜　エ 椿

② はかない
ア トンボ　イ 蛍　ウ 蝶　エ 蚊

表現対象そのものが本来そなえている特徴や性格だけではなく、それぞれの文化社会の中ではぐくまれた知識や感受性が、対象やそのことば自体に影響を与える場合もある。

「烏《からす》」は古来、日本では熊野の神の使いであった。「からすなぜなくの」で始まる童謡には、烏の子煩悩《こぼんのう》な姿が描かれている。種まくごんべえのライバルではあるが、親しみをこめて「烏勘左衛門」と人間扱いすることもある。「枯枝に烏のとまりけり秋の暮」という芭蕉の句には水墨画の趣がある。このように例外的なプラスのイメージもあるが、肉食のこの黒い鳥は死体に群がる習性があったからか、昔からその鳴き声は不吉とされ、「からす」ということばにも不吉な感じを抱く傾向がある。

「狐《きつね》」もお稲荷さまの使いで特に白狐《びゃっこ》は神通力をもつとされたが、一般に寓話や物語の中で古来あまり好意的に扱われてこなかった。「狐が憑《つ》く」は明らかにマイナスイメージだ。「狐と狸の化かし合い」でも、漫画などで丸顔に描かれる狸が愛嬌があって憎めない感じなのに対し、狐はとがった顔に描かれ、いかにもずるそうに見える。日本ではそういう思い込みが影響して、「きつね」ということばも何となく好感がもてない雰囲気となる。

三日飼うと一生恩を忘れないといわれる犬は、『桃太郎』にも忠実な動物として登場する。『猿蟹合戦《さるかにかっせん》』では猿が悪賢い役を演ずる。鳥の姿に見えながら実は哺乳類であり、また夜行性でもあるこうもりは、そのために不信感を抱かれる。長い間のそういう扱いが「犬」や「猿」や「こうもり」といったことばのイメージにも反映する。

人間社会の論理では、飛び道具である鉄砲を使ってしとめる狩人より、素手で立ち向かう熊のほうが凶暴だということになっているが、漫画の『こぐまのコロスケ』やミルンの童話『くまのプーさん』など、物語の世界に出てくる熊は、ちゃめで心やさしい愛すべき動物として描かれる。おとぎ話で金太郎の相撲の相手をする熊も例外ではない。

一方、「狼《おおかみ》」ということばはその反対だ。グリム童話の『赤ずきん』をはじめとする物語やおとぎ話などで残忍な動物として描かれているため、多くの人はその語自体にも、とかく残忍な存在を意識してしまう。いずれも長い伝統として文化的に形成された固定観念がことばに反映した語感である。

日本文化では「蛍」という語は「蟬《せみ》」以上にはかなさを感じさせる。「桜」ということばも、はなやかさの奥に、花期の短さから潔さを感じさせ、開花の時期から時に新しい旅立ちの象徴ともなる。

しかしこうした文化的伝統の中で醸成された語感というものは、当然、文化が違えば違ってくる。それだけに実際にその語を使うときには注意を要する。ヨーロッパでは「ふくろう」にいいイメージをもち、ナルシシストの連想から「水仙」にあまりいいイメージをもたないように、外国人に対してはこちらの意図と異なる印象を与えてしまう場合もある。

一方、同一民族でも世代による違いが大きい。「のらくろ」「サザエさん」「鉄腕アトム」「ドラえもん」と時代を彩る国民的漫画も変遷する。日本に生まれ育ってまさか『桃太郎』を知らない人はいないだろうが、酒呑童子《しゅてんどうじ》や金太郎となるとどこまで通じるか、いささか不安になる。神武天皇の道案内をしたという熊野の八咫烏《やたがらす》の神話を知らない人には、烏はゴミをあさるずる賢い印象しかない可能性もあり、それが「からす」という語の印象にも反映する。

A27 ①ウ ②イ

Q28　［イメージの異なる表現］

次の①〜③に、ア〜ウの中からもっともふさわしいものを入れてください。

人によく知られた顔の利く人物をさすことばの中でも、「　①　」と言うと、限られた地域や分野などで影響力の大きい有力者をさす感じがある。名前も顔もテレビなどを通じてもっとも広く知られているといえば「　②　」だ。そこまで一般に広く知られていなくても、「　③　」にはその存在が重んじられている雰囲気があり、政界や論壇・文壇などの人物をイメージしやすい。

ア　有名人　　イ　名士　　ウ　著名人

「寺院」は本来「寺」と「院」との総称だが、現代日本人は日ごろ「寺」と同じように使う。しかし、「寺」という語は、大きくても小さくても、立派でも見すぼらしくても違和感なく使えるが、「寺院」という語は、ある程度規模が大きくて立派でないとふさわしくない感じがある。「貧しい寺」「粗末な寺」という表現で「寺院」に置き換えられないのは、「寺院」の語感とイメージが合わないからだ。こんな違いもある。小説中に「寺」という語が出ると、何宗であれともかく仏教の寺を思い浮かべる。「寺院」とあっても日本人なら仏寺を頭に描きやすいが、「ノートルダム寺院」などとも言うように、この語は仏教だけでなく、キリスト教やイスラム教のものでも違和感のない雰囲気をもっている。どの範囲をイメージしやすいかという傾向の違い、いわば「指示むら」があると考えるべきだろう。

「温泉」と「いでゆ」との間にも、そういう指示むらが見られる。源泉の温度や湧出量や湯の色といった湯そのものの実質はまったく同じだが、「温泉が噴き出る」「温泉を引く」「温泉の成分」「温泉使用料」のような用法で「いでゆ」に置き換えると、ちぐはぐな感じになってしっくり来ない。それは「いでゆのけむり」「いでゆの旅」と言うように、温泉の美的でのんびりした楽しい側面だけを取り立ててこの語を使ってきたからだ。長い間のそういう用例の偏向が累積し、「いでゆ」独特の語感が形成されてきた。「温泉まんじゅう」より「いでゆ蒸し羊《よう》羹《かん》」のほうが高級で趣に富む感じがするのも、「まんじゅう」と「蒸し羊羹」の差だけでなく、「温泉」と「いでゆ」との雰囲気の違いが無視できない。

「工場」とあれば現在はほとんどの人が「こうじょう」と読むだろう。昔は「こうば」と読むケースも多かった。今では古風な「こうば」という語に接すると、単に懐かしいだけでなく、「こうじょう」とは違うイメージを浮かべやすい。「町こうば」とか「裏のこうば」とかという用法がぴったりするように、「こうじょう」よりも規模が小さく、旧式の機械で仕事をしている感じが強くて、最新の設備を誇るような大工場には使いにくい。山田洋次監督の映画『男はつらいよ』の「とらや」の裏のタコ社長の印刷工場《こうば》はまさにそんな雰囲気がある。

「牧場」も一般には「ぼくじょう」と読む。「まきば」という古風な読みは、規模も小さく設備もあまり機械化されていない昔ながらの姿を連想させやすい。そんな懐かしいイメージが「まきばの朝」といった商品名として利用される。「ぼくじょうの朝」では、ほのぼのとした雰囲気は期待しにくい。これらは雰囲気の問題であり、「こうば」は「こうじょう」でないとは言えず、「まきば」も「ぼくじょう」と別のものではないから、これは意味のせいではなく、語感の作用なのである。

手紙をもらうより、便りが届くと心うれしい。温かい気分になる。「てがみ」は幅広くどんな内容にも使えるが、「たより」は事務連絡や依頼状や督促状などとはイメージが合わず、「桜のたより」「旅先からのたより」のように、特別の用件が含まれていない折々の挨拶や近況報告を連想させるからだろう。「出身校」という語には、単に卒業した学校というイメージしかないが、「母校」という語にはそれを自分側に引きつけてとらえた思い入れが感じられ、甲子園出場ともなれば出かけて応援したい気分も増す。

「出身地」と「故郷」や「ふるさと」との関係もよく似ている。「出身地」という語には単に自分の生まれ育った土地という意味合いしか感じないが、「故郷」特に「ふるさと」には、断ち切れない思いが強い。懐かしく思い出すのは幼いころの生活圏であり、その意味で「ふるさ

「と」は一般に「出身地」より狭い。都会に出た人が、灯ともしごろに舗道をぬらす雨を眺めて望郷の念がつのるとき、まぶたに浮かぶのは「出身地」の山ではなく、「故郷」の空であり、「ふるさと」の川である。母校も「心のふるさと」であり、「心の出身地」ではない。

中には意地の悪い「少女」もいるはずだし、ジーンズ姿の「娘」も珍しくはないが、ふしぎに「乙女」となると、そのどちらもふさわしくなく、みな気立てがよく清らかな感じがする。薄汚れた老爺や老婆を「おきな」「おうな」と呼びにくいのも同じだ。「乙女」や「おきな」「おうな」ということばには、美しく品のよい語感ができあがっていて、それがマイナス評価の形容とイメージの衝突を引き起こすのだろう。

「だいどころ」と違い、煙ですすけた「黒屋」に由来する「くりや」は、洋食とはイメージが反発し、中華料理ともしっくり合わない。「薬屋」と「薬局」もよく似ているが、病院の中にある場合は「薬屋」とは言わない。「薬屋」と言うと独立した店として街中にある感じが強い。が、「薬局」のほうが近代的で本格的な感じがあるせいか、しばしば店舗の名称として利用される。「町はずれ」も「場末」も町の中心から遠い場所だが、垢抜けた店があってもおかしくない比較的客観的な「町はずれ」に比べ、「場末」にはうらぶれた雰囲気が漂う。

A28 ①イ ②ア ③ウ

Q29

［指示する形態の異なる表現］

次の①〜③の空欄に、それぞれもっともふさわしいものをア〜ウの中から選んで入れてください。

① ステーキセットには、パンをお付けしますか、（　　　）になさいますか。
② ようやく（　　　）にありついたもんで、どんぶり三杯一気に平らげちまった。
③ 久しぶりに海外から戻ると、やはり（　　　）と味噌汁の朝食が最高ですね。

ア　ご飯　　イ　ライス　　ウ　めし

古めかしい「南京豆」も、今でも使う「落花生」も、今もっとも一般的な「ピーナツ」も、原則として同じ食品をさす。外側の殻のついた状態のものを「南京豆」、中の薄皮だけになったのを「落花生」、その薄皮も取れて豆がむき出しになり、多くはバター風味になっている段階を「ピーナツ」と呼ぶとイメージがぴったりする、と感じた過渡期もあったらしい。今は「南京豆」という語が廃れたから、殻付きも「落花生」と呼ぶほうが自然に感じるだろう。生えている状態では「落花生」が最適だとしても、すべて「ピーナツ」と言うと誤用になるわけではないから、このような連想の偏向は、単語の意味ではなく、語感の問題である。

同じ宿泊施設でも、「ホテル」と「旅館」はイメージが違い、古風な「宿屋」もまた違う。「ホテル」は洋風建築、「宿屋」は和風建築で、ここはイメージが完全に分かれる。「旅館」も基本的なイメージとしては和風建築だろうが、近年はベッドやバス・トイレつきの洋室も増えて「ホテル」との境界は曖昧になりつつあり、実際に「ホテル」と名のる場合も少なくない。その点「宿屋」は建物が古く、すべて和室の感じで、全体の規模が小さく、豪華な雰囲気はないが、部屋まで食事を運んでくれる期待は今のところ「旅館」より大きいかもしれない。

「セールの品」も「値下げ品」の一種だが、「セールの品」の場合は流行おくれか季節はずれかのためで、品物自体には何の問題もない感じがある。「値下げ品」は前日のパンや日が経ってみずみずしさを失った野菜のようなものを連想させ、品質の落ちるイメージが強い。

「写真機」も「カメラ」も同じものをさすはずだが、古風な感じの「写真機」という語からは、上からのぞく二眼レフの六六判サイズ用の箱形の機種などを想像しやすく、写真館の撮影室で黒い布をかぶって操作するような大がかりな機械を連想する人もある。

古風な「ライスカレー」も「カレーライス」も単なる「カレー」も、意味としてはすべて同じ食べ物をさすが、語感の違いでイメージも違う。「ライスカレー」はその語が盛んに使われていたころの姿、すなわち、浅い皿にご飯を盛り、その上にまんべんなくカレーをかけ、原則として福神漬を添えた、当時の典型的なスタイルを連想させやすい。そのため今では、平たい皿にライスだけを盛り、別の深い容器にカレーを入れ、らっきょうやピクルスなどの入った四角い容器を添えたスタイルは、「ライスカレー」ではなく「カレーライス」か「カレー」と言わないとイメージが合わないような雰囲気ができている。しかしそれも、「ライスカレー」でないとは言えないから、やはり、ことばの意味ではなく語感の問題だ。

その「ライス」は「ご飯」や「めし」とまったく同じものだが、連想しやすい姿はそれぞれ違う。「ライス」は平たい皿に盛った姿にぴったりのことばで、それ以外の形だと不適切な感じさえする。しかし、その形であっても普通の家庭ではよほど気障な人以外「ライス」などとは言わないし、料亭や旅館などでもまず使わないから、レストラン専用という趣がある。「ご飯」という基本語はどの形でも違和感なく使えるが、イメージとしては、茶碗によそった姿がいちばんぴったりと合う。「めし」は茶碗によそった形でもまったく問題がないが、どんぶりに入れるとさらに「めし」らしい雰囲気になるからふしぎだ。

ちなみに、近所のあるドライブインで「ご飯」と言って注文したら、「ご飯になさいますか、ライスになさいますか」と聞き返されて面食らったことがある。茶碗に入って出る「ご飯」はおかわり自由で、平たい皿に盛った「ライス」はおかわりが別料金なのだそうだ。

A29 ①イ ②ウ ③ア

Q 30

［規模によって異なる表現］

次の①～④の空欄に、それぞれア～エの中からもっともふさわしいものを選んで入れてください。

①私の父親は、かつて巨大な船の（　　）に関わっていた。

②隣町の神社では、新しく社殿を（　　）するそうだ。

③ダム（　　）の是非が議論を呼んでいる。

④倉庫の（　　）はあの工務店に頼もう。

ア 建築　イ 建設　ウ 建造　エ 造営

「競《せ》り売り」の意味で「オークション」を使うと、比較的新しく使われるようになった外来語だけに、魚市場や街の古道具屋や露天商などにはイメージが合わず、どうしても海外で美術品やアンティークを扱う大規模なものを連想しやすい。このように、意味は同じであっても、規模によって使い分けされることばがある。ただし、最近のネットオークションなるものではごく小規模な物品が多いそうだ。

「男子厨房《ちゅうぼう》に入《い》らず」などと言うように、昔は家庭の台所をもこう呼んだが、現代では「厨房」と言うと設備のととのった専門的なイメージがあって、主にレストランなどで使い、各家庭で使うと大げさすぎる感じになっている。

「造園」という語もやや専門的な感じがあり、本格的な大規模工事を連想させやすい。趣味的な感じのある「庭造り」とはスケールの違いが感じられる。「庭」と「庭園」とを比べてみると、まず、「庭」のほうが和風の連想が強い。「庭園」の場合は、「和風庭園」「日本庭園」などと特に断らなければ、概して洋風の庭を連想する割合が高く、また、スケールの大きな感じも強い。

「テナント」も要するに昔の「店子《たなこ》」にあたるが、一般に賃貸物件の規模が大きいため、個人より企業のイメージが強く、雰囲気がまるで違う。「仕事場」は個人的な場合もあり、「職場」より小規模で具体的な場所をイメージさせやすい。「職場」という語はもっとスケールが大きく、それだけに単なる場所というより抽象的な存在として意識しやすい傾向がある。「役場」と「役所」との関係もこれとよく似ており、「役場」のほうが小規模で親しみやすい感じもある。「飛行場」は地方都市にある小規模な施設をさしても違和感はないが、「空港」となるともっと大きな規模のものをすぐに連想してしまう。

「仲直り」は個人間のちょっとした喧嘩のあと、そう長くない絶交の期間を経てまた元の状態に戻った感じがある。「和解」という語となると、個人的な関係だけでなく、大規模で長期にわたる深刻な対立が解消した感じになる。だが、国家間の関係修復に「仲直り」を使うことも、擬人的な表現にはなるが可能だ。一方、志賀直哉にずばり『和解』と題する小説があり、父親との深刻な確執を描いているように、親子の確執に対してこの「和解」という語を用いても、いくらか大仰な感じがするだけで特に違和感はない。このあたりはやはり意味よりも語感の問題に近いだろう。

日常的な生活感のある「弁償」に対し、「賠償」という語は国家間の場合にも用いるように大規模な響きが感じられる。「借金」と言うと、莫大な金額とは限らず、ちょっとしたものまで入るからいくらか気が楽だが、「借財」となると、それだけで小さな金額ではないという感じが強く、ずしりとおおいかぶさる圧迫感が出る。

「建築」も「建設」も「建造」も大きな物を造るという点で共通するが、「建築」よりも「建設」のほうが規模の大きな感じがあり、「建造」となるとさらにスケールの大きな感じがあって、鉄筋・鉄骨のコンクリート造りの連想が強くなる。「造営」は主に神社、寺院、宮殿などを造る際に用いられる。

A30 ①ウ ②エ ③イ ④ア

Q31

［程度の異なる表現］

次の①～④について、謝罪の程度が深いと思われるものから順番に並べてください。

① 過日の件、あらためて深くお詫びいたします。
② この間は失礼しました。
③ 先日はご迷惑かけてどうもすみませんでした。
④ 先だっての件、まことに申し訳ありません。

「猫糞《ねこばば》」も「着服」も「横領」の一種だが、少しずつ程度の違いが感じられる。「猫糞」は「着服」より罪意識が軽く、「着服」は不正な行為ではあるが「横領」ほどの明確な違法性は感じられず、「横領」は「着服」より犯罪のにおいが強い感じがある。「くすねる」にも「横領」のような罪意識はなく、「着服」と比べても些細なものを連想させやすい。

「違法」は「不法」に比べ、どの法律に違反しているかという具体性が強い感じがあり、「非合法」は体制にそむく政治的な活動を連想させやすい。「悪さ」もちょっとした悪事にはちがいないが、いたずら程度まで含み、「悪事」という語のような明確な犯罪行為を連想させない。

「犬の散歩で時折見かける顔見知りだが、この町の住人かどうかは知らない」というふうに、

「顔見知り」は相手の名前も知らずきちんと挨拶もしない間柄でも使えそうな感じがある。が、「顔なじみ」となると挨拶だけでなく世間話もしそうな雰囲気を感じさせる。そのため、友好的なムードが漂い、「顔見知りの犯行」といった例ではこの語に差し替えられない。

「アマチュア」も「ノンプロ」も「素人」の一種だが、「素人」が技術的に低い遊び程度のレベルを連想させるのに対し、「アマチュア」はもう少し知識があり技術も高い感じである。また、「ノンプロ」となると、プロほどではないが、さらに数段上のレベルを想像させやすい。

「注意」という語は被害のないように気を配る感じだが、「警戒」はすでに危険の迫っている状態でその点を特定して被害を防ぐ感じだ。また、「用心」だと、警戒する対象がしぼられておらず、被害の起こる確率も低い中で、念のためといった雰囲気が感じられる。インフルエンザがはやることの多い冬場、「用心に越したことはない」とマスクをするのは一般的だが、「警戒を要する」となると、危険度の高いインフルエンザがすでに流行しているような印象が強くなる。

「消毒」も「殺菌」も意味はほとんど差がないが、「消毒」は手当ての段階を連想させ、「殺菌」ほど大げさな感じがないから家庭でもできそうな手軽な雰囲気があり、「殺菌」は処置の結果として起こる現象に重点のある感じが強い。

「そしる」が激しく問い詰める感じは弱く、他人の言動を悪く言うだけでも使えるのに対し、

「なじる」は面と向かって責め立てる感じが強い。「助ける」も「救う」も似たような意味合いで使われるが、「家事を助ける」のように手伝う程度のちょっとしたことにも使える「助ける」と違い、「救う」にはきわめて危険な状況から完全に脱出させるという感じが強い。

「うつらうつら」も「うとうと」も、目が覚めているのと眠っているのとの間の状態をさす点で共通するが、前者のほうがぼんやりはしていてもいくらか意識がはっきりしている感じがあり、眠りかけているときにも目が覚めかかっているときにも使えそうだ。「うとうと」はもう少し意識が薄れた段階を思わせ、眠りかけているときに使う傾向が強い。

大仰な感じの薄い「陳謝」が失言程度の軽い行為を謝る感じがあるのに対し、「罪」と明言する「謝罪」は相手に損害を負わせるなど大きな迷惑をかけた場合を連想させる。同じ謝ることばでもそれぞれ程度の違いがあり、軽いほうから「失礼しました」(礼儀に欠ける意)「ごめんなさい」(赦免を乞う意)「すみません」(詫びても弁償しても事は終わらない意)「申し訳ありません」(弁解の余地もない意)の順に重くなる感じがある。また、「謝《あやま》る」が頭を下げる行為を連想させ、時に表面的な印象を与えるのに対し、「心中深く詫びる」とも言えるなど、「詫びる」は形式的でなく心のこもった感じが強く、赦《ゆる》しを懇願する雰囲気が伴う。

A31　①→④→③→②

Q32

［使用傾向の異なる表現］

次の①〜④の空欄に、それぞれア〜エの中からもっともふさわしい語を入れてください。

①この植物は、日陰でもよく育つ（　　）をもっている。
②この馬は（　　）が荒く、とても乗りこなせない。
③まったく彼は、やると決まればすぐさまやらずにはいられない（　　）だからなあ。
④二人の離婚の理由は（　　）の不一致だそうです。

ア　性格　　イ　性質　　ウ　性分　　エ　気性

意味とは別に、よく使われる分野が偏っているところから、感じの違いが生じることもある。勉強にも仕事にも根性は必要だが、「根性」という語が目だって多く使われるのはスポーツの世界だろう。「随筆」は見聞した事柄や自身の経験や感想など幅広い内容に用いられるが、「随想」となると訪問記や旅行記などは含まれず思索的で高級な感じがある。「エッセイ」は評論や軽い論文まで含むが、随筆をさす場合は垢抜けた感じで使われる。

「あだ名」は親しみあるいは軽蔑の感情を感じさせ、「ニックネーム」は特徴を誇張した名づけに多く使われる感じがある。また、「愛称」は親しみの感情のある場合だけに使うが、商品など人間以外に使うこともある。「後方」も「背後」もともに「後ろ」にあたるが、「背後」のほうが接近している感じが強い。

「跳ぶ」のも「跳ねる」のも同じような動作だが、「跳ねる」には子供が遊んでいる雰囲気があり、正式の運動競技では「跳ぶ」を用いる。「目がける」と「目ざす」も意味が近いが、「目がける」は最終目標というより当座の狙いをさすような段階的な感じがあり、「目ざす」は遠い最終目標を見すえてそれに近づこうとする場合にぴったりする雰囲気がある。

よく似た「争う」と「競う」も、前者は狙っているものを手に入れようとすることに重点を置き、後者は何かを獲得するというより優劣を決することに重点を置くような傾向が見られる。

「精通」も「通暁」も、よく知っている意だが、「精通」は価値のある知識だけでなくさまざまな情報について使い、「通暁」となると、その時々の情報というよりまとまった知識の場合に使う雰囲気がある。「性格」も「性質」も「気性」も似た意味だが、植物の場合は「性格」や「気性」ではなく主に「性質」が使われるようだ。「気性」は「優しい」「控えめ」というより、「激しい」「荒々しい」「鬼のような」という方向の用例が目立つ。「性分」もよく似ているが、特にある具体的な行為をしないではいられないという形で姿を現す例が多い。

A32　①イ　②エ　③ウ　④ア

［連想の働く表現］

Q 33

①「水たまりをよける」②「水たまりをさける」という表現から、それぞれアとイのどちらの場面を連想しますか。

ア 水たまりに近寄らないように最初から気をつける、あるいは水たまりの多い道を通らずあらかじめ舗装道路を選んで歩く。

イ 水たまりのある道を歩きながら、飛び越えたりそうっと縁を歩いたりして水たまりに入らないようにする。

「春雨」は春の雨だから、季節はきびしく限定されるが、降る激しさについては特に意味上の明確な規制はない。しかし、たたきつけるような大粒の雨になると、月形半平太も「春雨じゃ、濡れて行こう」などとこの語を使いにくい雰囲気になる。それは必ずしもことばが指示する意味の規制ではなく、その語が伝統的に、春に煙るようにしとしとと降る弱く細かい雨をさしてきたため、そういう日本人の季節感とイメージが合わないからである。

「夕立」という語は、積乱雲《せきらんうん》の発達する夏の夕方、一時的に「馬の背を分ける」(背中の片側だけ濡れる意)と言われるほど局地的な激しい雨を連想させる。夕方に降っても弱い雨だとこの語が使いにくいのも、本来の夕立がもっていた強烈で豪快な雰囲気と合わないからだ。「時雨」という語にも、単に晩秋から初冬にかけて降る雨というだけではなく、伝統的な使用歴から静かさや寂しさを伴う語感がしみついている。

「塾」がフレンドリーで、「予備校」が大教室を連想させやすいのも、「テーブル」や「食卓」に比べ、「ちゃぶ台」という語から折りたたみ式の円い形や、温かな家庭が連想されやすいのも、「梅」や「桃」などに比べて、「桜」という語は卒業式や入学式を連想させ、旅立ちの象徴となるのも、それぞれの語の使用歴から来る指示対象の照り返しが関与する語感である。

「林」も「森」も「森林」も木がたくさん生えた場所をさすが、それぞれ連想されるイメージに差がある。そのうち「林」は一般に木の密集度が最も低く、それほどの大木の生えている感じがなく、奥行きが浅く、中に道がついていて明るい印象があり、「からまつ林」「白樺林」のように一定の種類の樹木を計画的に植えた人工的な雰囲気を感じさせることのある点でも「森」や「森林」と違う。「森」は「林」より規模も奥行きも大きく、長い年月を経たさまざまな木が自然のままに密集していて薄暗く、時に魔法使いでも出て来そうな神秘的・幻想的な雰囲気を感じさせる。「森林」となるとさらに大規模で高木の生い茂った感じが強い。「森の精」も「林」や「森林」には住みにくい。

同じく書籍をおさめる棚でも、「本棚」は一般人の日常生活の中にある感じが強く、「書棚」

はもう少し本格的な感じがあるが、それでも個人住宅を連想させる。「書架」となると、さらに本格的で専門的な感じもあり、蔵書の多い学者の家の書庫や図書館などの、木製よりスチール製の棚を連想させ、陳列というより収納という雰囲気が強い。

同じような靴でも、「運動靴」は学校の体育の時間の連想があり、「スポーツシューズ」はジョギングその他の運動を思わせ、「スニーカー」は街を散歩するようなおしゃれな連想が強い。故郷を遠く離れた土地をさすことばでも、国内を思わせる「異郷」に比べ、「異境」や「異土」は「異国」を連想させる可能性が比較的大きい感じがある。

同じ「草」でも、「取る」と言えば雑草を根ごと取り去る感じが強いのに対し、「むしる」とすると地面に出ている部分だけちぎって取るイメージが強い。「除草する」となると、手で取り除くような日常の場合より規模が大きく、薬品を使いそうな雰囲気になる。「看護する」も「看病する」も病人の世話という点で共通するが、前者は病院を連想しやすく、後者は自宅を連想しやすい。

同じく回避を意味する「よける」と「避ける」を比べると、「よける」は具体的な物、「避ける」は抽象的な事態を連想させやすいように思われる。

A33　①イ　②ア

Q 34　［雰囲気の違いを感じる表現］

次の①～④に、ア～エの中からもっともふさわしいものを選んで入れてください。

自分の（　①　）に閉じこもってばかりいないで、（　②　）に出てみたほうがいい。（　③　）の目を気にしてちゃ、何もできないよ。（　④　）そんなに甘くないのは確かだが、若いんだから、挑戦してみなくちゃ。

ア 世の中　イ 世間　ウ 世界　エ 社会

「みんなで鍋を囲んで一杯やる」というと和気あいあいと楽しそうだ。ところが、同じ例で、「囲む」を仮に「取り巻く」に置き換えてみると、空気は一変し、鍋の中身がまたたく間になくなりそうな気配になる。「恩師を囲む集い」も、「取り巻く」にすると、とたんになごやかな雰囲気から殺気だった空気に一変しそうだ。こんなふうにまるで違った雰囲気が漂うのは、両語の語感の違いの反映だろう。「囲む」の場合、間隔は狭くても個々の物や人が静的に存在し、中の対象に圧力をかける感じは特にない。一方、「取り巻く」のほうは取り巻いたものから中の対象に向かって働きかける力が強く感じられる。こうした〈雰囲気〉の違いは、まさしく語感の働きによる。ちなみに、「囲う」と言うと「マッチの火を手で囲う」のように、外部の力が届かないよう守ったり隠したりするという意図を感じるが、「取り巻く」にはそんなふうに中のものを大事にする気配を感じない。

「天才」が持って生まれた才能に重点のある感じなのに対し、「秀才」は潜在能力よりもむしろ達成度に重点があり、努力の成果も含まれる雰囲気がある。また、学問的な分野、特に学校の勉強についてよく使う「秀才」に対し、「天才」は同じ学問分野で使うと「秀才」以上にずば抜けた存在に思えるが、学問にかぎらず、「暗記の天才」「麻雀の天才」「言いわけの天才」のように、仕事でも遊びでも悪い方面でも幅広く使える。「俊才」は「囲碁界で俊才と注目される逸材」のように学校の成績というより他のイメージが強いが、「天才」と違って好ましくない方面には使わない。

「会」も「会合」もほとんど同じように使うが、雰囲気として「会合」には出席が義務づけられているような堅苦しい感じが伴う。これが「つどい」となると何か楽しいことがありそうで、気軽に人が集まりそうな雰囲気があり、堅苦しい服装は似合わない。「若手社員のつどい」なら笑い声が響きそうだが、「若手社員の会合」となるとスーツ姿でないと出にくい雰囲気に変わる。

「着色」も「彩色《さいしき》」も、色をつけるという意味で共通するが、「着色」は絵画などより彫像品や実用品を仕上げるために必要な製作過程を連想させ、「彩色」はそういう必須の過程というより、はなやかにして人目を楽しませるサービス精神を含む感じが強い。

都心や市街地の周辺をさす「郊外」という語には、田畑やちょっとした林などが残っている雰囲気が感じられるが、「近郊」となると、郊外の中でも都会に隣接した地域に限られ、多くは住宅地を連想させる。

「社会」という語は、共通の職業を持つなど、他とは異なる特殊な集まりをさす場合には、「世界」という語の一部の意味とよく対応する。が、一方、「勝負の世界」とは言うけれども「勝負の社会」とは言わない。世間との交流というイメージの薄い「世界」に比べ、「社会」は人間の存在が前面に出た友好的な雰囲気が強いからだろう。ちなみに、「世の中」もまた、人が他人とかかわりながら暮らしている場をさすが、「世間に顔向けができない」と言うように、「世の中」よりも「世間」のほうが狭い範囲をさすように感じられ、社会組織というよりそこに住む人間を意識している感じが強い。

A34　①ウ　②エ　③イ　④ア

第3部　〈ことば〉のにおいを感じるために

――「ニホン、チャチャチャ」となぜ言わないか（使用言語の体臭）

Q35

［緊張度によって異なる表現］

次の文章は、仕事の取引先に対する手紙です。①〜④それぞれの箇所で、もっともふさわしい語をア〜ウから選んでください。

①【ア この間　イ 先日　ウ 過日】の件、お力添えに改めて御礼申し上げます。小社の今後の商品開発にとって②【ア きわめて　イ とても　ウ はなはだ】③【ア 大事　イ 重要　ウ 大切】なご助言をいただきました。④早速【ア 今日　イ 本日　ウ 当日】の役員会に諮り方針を決定する予定です。

話す場合は正式の挨拶か仲間との雑談か、書く場合は学術論文か軽めのエッセイか、といった緊張の度合いに応じてことばを使い分ける。場や相手によって適切な用語レベルが違うので、なかば無意識のうちに、「みょうにち」「あす」「あした」、「過日」「先日」「この間」「こないだ」などの候補から、それぞれにふさわしいことばを選ぶ。ふだん「葉」や「根」を使う人でも、ごく親しい相手とくつろいでしゃべるときには「葉っぱ」や「根っこ」とも言う。日常語の中でも少し軽めで、改まった会話や硬い文章に使うと違和感のある、そういうレベルのことばを〈口頭語〉として位置づけると、「額《ひたい》」に対する「おでこ」、「徒競走」に対する「駆けっこ」

などはそのレベルにある。

もう少し下がると〈くだけた会話〉のレベルになる。「大便」の意の「うんこ」、「この間」に対する「こないだ」、「ちょっと」に対する「ちょこっと」や「ちょい」などはそういった文体的レベルに位置づけられる。「とばっちり」「ぐうたら」「ふんだくる」「妬《や》く」「じたばた」「とっく」なども似たレベルにあると思われるが、〈口頭語〉レベルとの差は連続的であり、人によって感じ方も違うので、厳密な境界線を設けるには無理がある。

そこからさらにレベルが下がると〈俗語〉となる。この間も線引きはむずかしいが、おおよそ、「ちっちゃい」「おしっこ」「やっぱり」「いいじゃないか」を〈口頭語〉レベルとすれば、「ちっぽけ」「小便」「やっぱし」「いいじゃねえか」が〈くだけた会話〉レベル、「ちっこい」「しょんべん」「やっぱ」「いいじゃん」が〈俗語〉レベルという感じだろう。「驚く」に対する「おったまげる」のような方言的なニュアンスを感じさせることばや、「とらえる」と「つかまえる」が混乱を起こした「とらまえる」などはこの俗語レベルと認定できる。

さらに、「エンタメ」「コスプレ」などの新しい略語や、「いけてる」のように比較的新しく現れていまだ正式の認定の得られていない段階のことばや、「落ち込む」意の「へこむ」など、新しい語形や用法をもった一群のことばなども〈俗語〉という雰囲気が強い。

大人どうしの会話では親しい間でも通常使わないことばがある。子供が使ったり、大人が子供に向かって使ったりすることばで、これを〈幼児語〉という。「乳房」をさす「おっぱい」や、「寝小便」を略した「おねしょ」、「犬」をさす「ワンワン」などがそれだ。逆に日常会話では使いにくい硬い感じのことばもある。「美人」は会話に使っても文章に用いてもまったく違和感がないが、「佳人」はもっぱら文章に用い、日常会話で使うと「歌人」と誤解されやすく、通じても気障な感じを与える。このレベルを〈文章語〉と呼ぶ。「麗人」もそれに近い。「黎明」「早世」「世人」「樹木」はもちろん、「姿態」も「肢体」も〈文章語〉といってよいだろう。

消防車のサイレンに驚いて窓を開けると遠くの空が赤く見える。そんなときはだれでも「火事だ！」と叫ぶのに、翌朝の新聞には「火災」と出る。報道の文章として和製漢語の日常語「火事」より、〈正式〉な感じのする本来の漢語「火災」を選ぶからである。「尻」に対する「臀《でん》部《ぶ》」、「おもちゃ」に対する「玩具《がんぐ》」というふうに、多くの場合は漢語のほうが〈正式〉とされる。同じ漢語でも、「博士」を「はかせ」と読むより「はくし」と読んだほうが〈正式〉な感じが強い。同様に、「病気」より「疾病」、「残念」より「遺憾」のほうが〈正式〉性の高い語だ。

「アニメ」に対する「アニメーション」、「パソコン」に対する「パーソナルコンピューター」のように、略語形が一般化している語の場合は省略しない語形が〈正式〉名称といった雰囲気になる。逆に、〈略語〉形は正式な感じに欠ける。「アナウンサー」に対する「アナ」、「アルバイト」に対する「バイト」など、いずれも軽い感じになる。「ゲームセンター」に対する「ゲーセン」、どたんばのキャンセルの意の「どたキャン」など、軽薄な雰囲気になりやすい。「清水の舞台から飛び降りる」に対する「キョブタ」など、滑稽な響きになる例も見られる。

正式の用語という感じよりも、表現者の〈改まり〉を意識させる語群もある。「おととい」に対する「一昨日《いっさくじつ》」、「きのう」に対する「昨日《さくじつ》」、「きょう」に対する「本日」、「あした」に対する「明日《みょうにち》」、「あさって」に対する「明後日」などがそれだ。二段階とは限らず、「大事」よりも「大切」のほうが若干改まり、「重要」や「重大」はさらに改まった感じがする。「去年」に対する「昨年」、「来年」に対する「明年」のように、漢語どうしで差のある例もある。「先日」に対する「過日」、「最近」に対する「昨今」、「誕生」に対する「生誕」なども同様だ。

「つや」より「光沢」、「やきもち」より「嫉妬」、「ちょっと」や「少し」より「少々」というふうに、類義語を比べるとたいてい和語よりも漢語のほうが〈改まり〉を感じさせやすい。が、「一番」より「もっとも」、「綺麗」より「美しい」、「多分」より「おそらく」というふうに和語のほうがむしろ改まった感じになるという例外もある。「きわめて」は改まった感じの文章に用いられる硬い語で、同じ硬い語でも「大変」「非常に」「きわめて」の順に程度が強くなるように思われる。「はなはだ」もほぼ同様だが、少し古風になり、否定表現で使う例が多い。

A35 ①ウ ②ア ③イ ④イ

Q36　［時間性を感じさせる表現］

次にあげる①〜⑥は、どれも今では廃れたことばです。それぞれの意味をア〜ウから選んでください。

①「歩廊」　ア 渡り廊下　イ 遊歩道　ウ プラットフォーム
②「心臓回し」　ア 心臓麻痺　イ 驚異的な現象　ウ 動悸
③「天然色映画」　ア 写実的映画　イ ハイビジョン映画　ウ カラー映画
④「手妻《てづま》」　ア 手の甲　イ 手品　ウ 着物の袖先
⑤「海市《かいし》」　ア 砂浜　イ 蜃気楼《しんきろう》　ウ 魚市場
⑥「同盟罷業《ひぎょう》」　ア ストライキ　イ 人員整理　ウ 連鎖倒産

緊張度とは別に、そのことばは新しい感じがするとか古くさく感じるとかといった語感もある。それを[時間性]としてまとめることにする。

まずは「古い感じ」どころか、一般にほとんど使われなくなったことばにふれる。現代文の中にも「悪しき」「斯《か》かる」「然《しか》るべき」といった語形や、「あにはからんや」「やんぬるかな」のような表現が交じることがある。概してそれらは語形自体に〈文語的〉な響きが強い。また、

「いずこ」「うたかた」「はだえ」「まどか」なども〈古語〉の雰囲気を感じさせる。ちなみに「すべからく」という古いことばは「当然すべきこととして」の意で「学生はすべからく勉強すべし」のように用いたが、今は「学生は、皆、勉強すべきだ」と、「そもそも」「すべて」のような意味に誤解して用いる例も見かける。

大昔のことばでなくても、その対象が存在しなくなったり、あるいは別の語に変更されたりして、今はまったく使われなくなったことばには〈廃語的〉な語感が生じる。鉄道が電化されて「汽車」が自動的に「電車」に移り、観光用に残された一部の蒸気機関車のほうは「SL」とスマートに名を変えたため、「汽車」ということばはほとんど〈廃語〉になった。「駅」にあたる「停車場」もその前に廃れた。JRの前身である「国鉄」や「国電」を知る人はまだ多いが、その前の鉄道院時代の「院線」までさかのぼれる人はめったにいない。「口吸い」も、「接吻」「口づけ」「キス」と移ってきた。「接吻」もすでに珍しくなり、露骨な「口吸い」は完全に〈廃語〉となった。「プロ野球」に対する「職業野球」は今では見ることも聞くこともない。

「電気冷蔵庫」という語は、氷式でなく電気式があたりまえの時代になって単に「冷蔵庫」と言うようになり、ほぼ消えた。「電気掃除機」「電気洗濯機」「電気炊飯器」などはまだまれに使われるが、単なる「掃除機」「洗濯機」「炊飯器」で通用するからいずれ同じ運命をたどるだろう。新しい文明の象徴として冠した「電気」という誇らしい語も、それが付いていると逆に古くさく感じられ、やがて〈廃語〉に近づく。「カラーテレビ」という語もやがて消えるだろう。「電子計算機」、略して「電算機」とはコンピューターのオーソドックスな呼称だが、「コンピューター」という語のすっかり定着した今では、うっかり「電卓」と間違えかねない。

そのほかの一般的な語彙から、古い感じのことばと新しい感じのことばをとりあげてみよう。どちらもひと括りにはできず、程度や種類などによってそれぞれ分かれる。

「パリ」は、同じカタカナ表記でも「パリー」と伸ばすと、とたんに〈古めかしい〉感じに変わる。「巴里」と書いてもたしかに古い感じはあるが、この漢字表記は喫茶店や洋菓子店などで今でも見かけるから、懐かしいだけで黴《かび》が生えた感じまではせず、むしろ高貴でお洒落な雰囲気がある。「フィリッピン」のように促音を入れるカタカナ表記も、今ではめったに見ることがないから、やはり〈古めかしい〉感じに見える。「キッス」や「パッパ」も同様だ。「インキ」や「ハンケチ」なども相当に古い感じに響くだろう。今「レストラン」では「ステーキ」が出るが、昔は「洋食屋」で「ビフテキ」が出たものだ。「マフラー」に対する「首巻」、「デパート」に対する「あいびき」や「ランデブー」、「展覧会」に対する「展観会」なども相当に古い感じに聞こえる。「デパート」に対する「百貨店」も相当古めかしく聞こえるが、商品券のうちでも「デパート券」はスーパーでも使え「百貨店券」はデパートのみ、と軽業並みに使い分けるケースもある。

「中古」でもやや古い感じだが、それを「ちゅうぶる」と読めばきわめて古めかしく、同じ意味のセコンド・ハンドの略形「セコハン」も今では相当に古い感じがする。「朝ぼらけ」「ねぎごと」「しわぶき」「よしんば」といった和風色の勝った表現に古めかしい印象を覚える傾向も見られる。また、「いかす」や「ナウい」のように、ある時期に斬新な響きで流行して今ではすっかり衰退してしまったことばも、昔を知っている人にはかえって古めかしく響く。

古くさい感じはないが、明らかに古い感じが伴い、時に懐かしく響く段階を〈古風〉として一括する。「執着」を「しゅうちゃく」、「霊験」を「れいけん」と読む層が広がるにつれて、それぞれ「しゅうじゃく」「れいげん」という本来の読みがいくらか古風に響くようになる。「ジェスチャー」に対する「ゼスチュア」や「ファン」に対する「フアン」のように原語の発音から遠い表記も、時代を思わせる。「山小屋」に対する「ヒュッテ」などは、ドイツ語からの外来語ながら今ではかえって古風に響く。「妻」に対する「細君」や「ワイフ」、「旅館」に対する「宿屋」、「虫眼鏡」に対する「天眼鏡」、「辞書」に対する「字引」などは、この〈古風〉というレベルに相当する。「コーデュロイ」に対する「コール天」、「既製服」に対する「吊るし」なども同様だ。

逆に〈斬新〉な感じがすることばとしては、「かつら」に対する「ウイッグ」、「喫茶店」に対する「カフェ」、「骨董品」に対する「アンティーク」、「庭いじり」に対する「ガーデニング」、

「約束」に対する「アポイントメント」などの外来語がある。近年になって新しく使われだした「イケメン」や「真面目」の省略形の「マジ」といった〈新語〉も、俗臭ふんぷんながら従来にはなかったという特殊な語感を発揮する。意外に寿命の長い「いまいち」や、英語の「アラウンド」を用いた「四十がらみ」の意の「アラフォー」などという軽薄な語も、それに当たるだろう。「なんとなく」の意の「なにげに」などもそれに近いが、広がりはもっと狭い。昔はやった「ながら族」「新人類」や最近よく聞く「草食系」なども期間限定の斬新さと同時に、すぐに消えそうな感じをも帯びる。一部の学問分野で一時期盛んに使われ、若干翻訳的な雰囲気もある「視座」や、「死にざま」の類推から生まれた「生きざま」なども、かつては〈新語〉という斬新で落ちつかない語感をもっていたのだろう。

単語の形は新しくなくても、従来なかった用法だと新語に似た語感が生じる。「お茶する」「主婦する」といった新しい用法は俗っぽい。「信じられない」といったニュアンスで使う「ありえない」の近年の用法、単に「結構です」といった軽い意味で使う「大丈夫」の用法、お世辞でなくといった意味合いをひめた感じの「普通」の用法などは、知らないと戸惑う。なんと「普通においしい」はほめことばらしい。「三個年上」「一個若い」といった「個」の拡大用法、「わたし的には」のような「的」の無差別用法、名詞そのものをむやみに形容動詞化する「問題な日本語」「神戸な人」といった「な」の用法、「味にこだわる」「鳥肌が立つような名演技」

のように、もともとマイナスイメージで使ってきたことばを逆にプラス評価で使う用法、気持ちに引っかかりを覚えるといった意味の「気になる」を、むしろ魅力的に感じて気持ちを惹かれる意味合いで使う用法、「タバコのほう」「テレビとか見る」のような「ほう」「とか」のぼかし用法、「ラーメンになります」「以上でよろしかったでしょうか」といった店内の無意味な応対表現なども、伝統的な言語感覚の健全な保守層には〈新用法〉の俗っぽさを意識させる。

同じように、ひところ大流行した「カリスマ」や「想定内」、演劇界から出て一般社会にはびこっている「視線」の意の「目線《めせん》」、「究極のラーメン」といった「究極」の不当に軽い用法、吐き気から精神的な不快感に広まった「ムカつく」、「超うれしい」などの「超」や「激安」「激辛」などの「激」の用法、ひところ蔓延《まんえん》した「鈍感力」「老人力」「血液力」といった「力」の過剰用法なども、言語保守層には安易に〈流行〉を追う浮薄な俗っぽさを感じさせる。

「手妻《てづま》」は「手品」の古めかしい言い方。「つま」は「端」の意で、本来は手先の仕事をさし、仕掛けは二の次だったと思われる。「海市」は蜃気楼のことで、まれに文学的な文章などに用いられる古めかしいことば。こういう現象は海岸に起こりやすく、海に都市の姿が見えたところからきており、現実にありえないことを想像する意味の比喩的用法もある。

A36　①ウ　②ア　③ウ　④イ　⑤イ　⑥ア

コラム4――ことば辞典のいろいろ

「字典」「辞典」「事典」とジテンにもいろいろある。まぎらわしいので、通の間では俗に「もじテン」「ことばテン」「ことテン」と呼び分ける。順に、漢字のような文字を調べる本と、国語辞典など、ことばを調べる本と、百科事典など、事柄を調べる本をさす。

ことばテンにもいろいろある。国語辞典でも、単字項目と称する漢字解説を設ける例が増えたが、収録される漢字がせいぜい三千数百どまりだ。漢和辞典の場合は小型でも一万字は収めてあり、その漢字の成り立ちなど詳しい解説がつく。国語辞典は昔「字引」と呼ばれたように、その語を漢字で書く場合の標準表記を示してそのニーズに応えた。用字用語辞典・表記辞典の類は、「片寄る」と「偏る」、「各」と「各々」のような複数の表記形の使用傾向や、「正装」と「盛装」、「配布」と「配付」、「遊技」と「遊戯」のような同音類義語の書き分けを説く。「脂肪届」「仮装階級」「強要講座」「口臭衛生」「無痛糞便」「論理の秘薬」といった出来過ぎの傑作はないが、「講議」「専問」「応待」「異和感」のような頻出する誤用例を示すこともある。

国語辞典にもまれに単語の標準アクセントを示すものが出ているが、発音アクセント辞典となると、「相棒」には頭高とボの次が低くなるものと複数の型が共存し、「鮨」は尾高が標準で頭高が新しい傾向だといった詳細な記述が見られ、さらに、「小学校」のガは伝統的に鼻濁音になるが「高等学校」のガはならないとか、「岸」のキや「草」のクは母音が無声化しやすいとかという情報も加わる。

「バタン」「ふわり」のような擬声語・擬態語は説明がやっかいで、また日本人ならわかりそうな気もするため、国語辞典に収録するのはほんの一部だ。その点、擬音語辞典類になると項目が格段に多いだけでなく、「ぬるぬる」は、粘りつくような不快感に着眼した「ぬらぬら」に対し、滑る感触を中心とした語と説明し、その名詞用法と副詞用法とのアクセントの違いにも言及する。

国語辞典中にも外来語がどんどん増えているが、専門の外来語辞典には、「奈落」は地獄を意味する梵語《ぼんご》の中国での宛字で、平安時代に仏教語として日本に入り、江戸時代に演劇用語として使われたとある。万年筆のメーカーである「ウォーターマン」の項には、カフェーで水ばかり飲んでねばる男性客をさす愉快な俗語用法まで載っている。

国語辞典にも「右」と「左」や「表」と「裏」のような典型的な対義語の表示はあるが、反対語辞典となると「かもい」と「敷居」、「緑茶」と「紅茶」まで網羅されていて驚く。

それぞれの用途に応じて各種のことば辞典を使い分け、幅広く語感をみがこう。

Q 37

［品格を感じさせる表現］

次の①〜④について、それぞれ雅《みやび》やかな雰囲気を感じさせる文章にしたいと思います。もっともふさわしい表現をそれぞれア〜ウの中から選んでください。

①【ア　あかつき　イ　朝　ウ　明け方】の空に一羽の雁《かり》が飛びゆく。
②夜の【ア　静寂　イ　沈黙　ウ　しじま】を破って銃声が響きわたった。
③桜の花が【ア　うっすらと　イ　かすかに　ウ　ほのかに】色づいている。
④長年抱《いだ》きつづけてきた夢は【ア　泡のように　イ　うたかたのごとく　ウ　あっけなく】消えた。

次に、上品か下品かということばの品格にかかわる語感をとりあげよう。上品といっても程度があり、現代語としては通常よほどのことがないかぎり用いないレベルを〈雅語的〉とすると、「夕まぐれ」「夜もすがら」、「顔つき」に対する「かおばせ」や「かんばせ」、「砂」に対する「砂子《いさご》」や「真砂《まさご》」、「永遠」に対する「とこしえ」「とこしなえ」「とわ」のほか、「岩」に対する「いわお」、「手紙」に対する「たまずさ」、「水泡」に対する「みなわ」、赤ん坊に対する「みどりご」などの雅やかな和語がそのレベルにある。「白鳥」を「はくちょう」と読めば普通のレベルだが、それを「しらとり」と読むとこのレベルに近づく。「おぼろ」「いでゆ」、それに漢語の「華燭《かしょく》の典」などもそれに近いだろう。「雅やか」ということばそのものもそういう雰囲気を放っている。

もう少しレベルは下がるが、和風の文章などに時折使われながら、やはり〈優雅〉なかおりを漂わせているレベルの語群もある。「雁」を「がん」と読めば普通だが、「かり」と読むと〈優雅〉な感じになる。「昔」に対する「いにしえ」、「どこ」に対する「いずこ」、「夕日」に対する「入り日」、「夕方」に対する「夕べ」や「たそがれ」、「衣装」に対する「装い」、「移る」「語る」に対する「うつろう」「かたらう」や、「しなやか」「たゆたう」「ともし火」「秘める」「ほのか」「まどろむ」なども優雅とされる。

厳密な線引きはむずかしいが、日常語より高級なほうに〈上品〉〈優雅〉〈雅語的〉という三段階を仮定してみた。この反対方向を〈粗野〉という語感で一括すると、「ご飯」に対する「めし」、「食べる」に対する「食う」や「喰らう」、「おなら」に対する「屁」や「ガス」、「顔」に対する「つら」、「ぼく」や「わたし」に対する「おれ」、「きみ」に対する「おまえ」や「てめえ」、「あいつ」に対する「あんちくしょう」などがそこに位置づけられよう。

A37 ①ア ②ウ ③ウ ④イ

Q38 ［間接性が伝わる表現］

次の①~⑤の空欄に、ア~オの中からもっともふさわしいものを入れてください。

①身内に（　　）があったので、昨日はお休みをいただきました。
②会長の（　　）に伴う後任役員人事を発表いたします。
③彼のお姉さんは五年前すでに（　　）されたそうだ。
④謹んでお父上の（　　）をお悔やみ申し上げます。
⑤「（　　）になる」は、貴人が亡くなったときに使うことばです。

ア ご逝去　イ 不幸　ウ お隠れ　エ 死去　オ 他界

第1部で「差別的な表現」や「忌避を感じさせる表現」にふれたが、同じ内容を言い表すときにも、人前で言いにくいことを話題にする際、それでもストレートに表す露骨で直接的な表現と、できるだけ婉曲にぼかす間接的な表現とがある。日本語の特徴として後者のほうが圧倒的に例が多い。特に、死にまつわる表現や、排泄、性交渉などを言い表すことばには、いちいち取り上げたらきりがないほどさまざまな〈婉曲〉表現がある。

もっとも幅広く見られるのは性的な関連語だろう。「乳房」に対する「胸」、「性器」に対する「下半身」「恥部」「局部」、「性行為」に対する「房事《ぼうじ》」「同衾《どうきん》」「共寝《ともね》」「情交」「合歓《ごうかん》」「関係」「営み」「契る」「寝る」「抱く」「枕を交わす」「交わる」など、枚挙にいとまがない。

死に関する表現についても、第1部で見たように、縁起でもないとして露骨な言い方を避ける表現が数多くある。「永眠」「他界」「臨終」「亡くなる」「斃《たお》れる」「没する」など実にさまざまな表現が工夫されてきた。「屁」に対する「おなら」や「ガス」、「小便」に対する「小水」など、排泄関連の語彙にも多い。ちなみに、「おなら」は「鳴らす」の末尾を略し、「お」を冠した語形という。「小用に立つ」の「小用」は「こよう」とも「しょうよう」とも読むが、後者の音読みのほうが威厳を感じさせる分、さらに婉曲に響く。

「年輩者」や「年寄り」「老人」ということばには露骨な雰囲気があるため、最近では外来語を用いて「シニア」や「シルバー世代」などとぼかすこともある。これも間接表現の例である。そのものずばりの「財布」や「札入れ」に比べ、「紙入れ」の場合は、紙幣を広く「紙」とぼかしているという意味でより間接的な表現になっている。「最近太ってきた」というマイナスイメージを避けて「このところ貫禄が出てきた」とプラスイメージで言い換えるのも間接表現の効果をあげる。

A38 ①イ ②エ ③オ ④ア ⑤ウ

Q39

［硬軟を感じさせる表現］

次の①〜④について、それぞれ、より「軟らかさ」を感じさせる表現をア〜ウの中から選んでください。

①長らく会わずにいた友人から嬉しい【ア 便り　イ 書状　ウ 書簡】をもらった。

②いちばん好きな寿司種《すしだね》は、ひらめ【ア か　イ もしくは　ウ あるいは】鯛《たい》ですね。

③いつも【ア 労苦　イ 苦労　ウ 辛苦】をいとわず家族のために尽くしています。

④心配しなくても【ア おのずと　イ 自然に　ウ 自動的に】コツがわかってくるさ。

前項の〈婉曲〉表現は露骨な表現を避けるための言い方だが、どちらかを避けるという方向ではなく、軟らかい表現を好むか硬い表現を好むかという方向での選択もある。ことば自体が軟らかさ・硬さを感じさせる場合もあれば、使われる文脈によって硬い感じになったり軟らかい印象になったりする場合もある。

日常語ながら正式な感じの「生活」に比べ、「気ままな暮らし」「悠長な暮らし」「暮らしの中の知恵」など「暮らし」という語には、気楽な感じの〈軟らかい〉感触がある。

「訃報」や「訃音」は死亡通知に限定され、「凶報」もそれに近い。「悲報」もそういう知らせである可能性が高いが、それに限定されないぶんいくらか婉曲に響き、それだけ若干の軟らかさもあるように感じる。

ミッションスクールなどに多く、規律の厳格な連想のある「学院」に比べ、一貫教育を思わせる「学園」ということばは、厳しい授業というより生活的な雰囲気を感じさせ、それだけ〈軟らかい〉響きになるようだが、現実の学校生活はどうかしらん？

一方、「払暁《ふつぎょう》」「黎明《れいめい》」といった漢語には、美的な感じとともに、「あかつき」や「しののめ」といった和語とは正反対の硬く冷ややかな語感もある。「しばらく」に対する「暫時《ざんじ》」、「さっき」や「さきほど」に対する「先刻」も硬い響きがあるし、「先般」となるとさらに〈硬い〉感じが増す。

「騒乱」「逓減《ていげん》」「披瀝《ひれき》」「査収」「罪科」といった漢語や、漢語系統の「黙する」や「最たる」などは、いずれも感触が〈硬い〉。同じ漢語でも、「職務」より「職掌」のほうが、「平和」より「和平」のほうが、それぞれさらに硬い感じに響く。

和語どうしでも「誤る」は「間違える」に比べれば硬い感じがする。日常語の「わたしたち」に比べ、「われわれ」には少し改まった感じがあるが、「われら」となるとそれ以上に〈構えた感じ〉を意識させる。「する」より「行う」のほうが改まった感じだが、「挙行」という漢語にするとさらに〈大仰〉な感じに響く。

緊急の問い合わせや重大な用件には使わない「便り」ということばは、近況報告や旅先からの挨拶などを連想させ、改まった感じの「書簡」はもちろん、日常語の「手紙」と比べても、もらって嬉しく好ましい語感がある。「または」に比べれば「あるいは」でも硬い感じだが、「もしくは」になると〈格式ばった〉感じさえ受ける。

「ひとりでに」という意味の「おのずから」や「おのずと」という和語は、漢語系の「自然に」よりむしろ硬い。なお、「火が自然に消える」という例では、人間が水をかけて消さなくても風で吹き消される場合のように、何か原因があって、消えるべくして消えたという感じがあるが、「火がひとりでに消える」とすると、人知の及ばぬ不可思議な現象に出合った感じが強まるのも面白い。語感が意味の領域をゆるがす微妙な現象なのかもしれない。

A39　①ア　②ア　③イ　④イ（アは助詞の「さ」とレベルが合わない）

［好悪を感じさせる表現］

Q40

次の①～③について、より「好悪のはっきりした」言い方になる表現をア～ウの中から選んでください。

①あのバーの客は【ア 中年男性　イ 年輩者　ウ 中年男】ばかりだ。

②この職場にも【ア 女性　イ 女の人　ウ 女】が増えたな。

③君の【ア 瞳　イ まなこ　ウ 黒目】は本当に美しい。

次に、感じがよいか悪いかという語感をとりあげる。同じ現象を表現するのにも、それを快い、好ましいと思っている場合と、その逆の場合とでは、おのずと用いる表現が異なる。「この部屋は暑いね」と言えば不快だが、「暖かいね」と言えば心地よさが伝わる。「あたたかい」や「涼しい」にはその語自体に〈プラスイメージ〉があるので、「あたたかい家庭」「涼しい感じの青年」などとも使うことができる。

「味」は中立的なことばで、よい味も悪い味もあるが、「味わい」となれば〈プラスイメージ〉の風味や趣をさす。その「風味」という語も洗練されたよい味に使う。同様に、さまざまな「匂い」がある中で、「香り」は好ましい匂いだけをさす。日本人にとっての「湯上がり」は、

「入浴後」より心地よくくつろいだ感じで、ビールもうまい。

「育てる」に比べ、「はぐくむ」は〈プラスイメージ〉で比喩表現に使う。「初々しい」も「うぶ」に比べて清新な感じが強い。「風流」「風情」「雄姿」や「爽やか」「清々《すがすが》しい」「気高い」といった語群にも〈プラスイメージ〉が強く感じられる。事実を伝えるだけの「新入り」「新参」「新顔」に比べ、「新人」という語にはどこかしら期待がこめられている感じがあり、「ニューフェース」にはさらに華やかな雰囲気が伴う。

一方、「中年男性」に対する「中年男」は〈マイナスイメージ〉が強い。「羨ましい」に対する「ねたましい」、「多い」に対する「おびただしい」なども、それぞれ〈マイナスイメージ〉をすでにもっている。「ほくそえむ」「でっち上げる」「卑猥《ひわい》」「跋扈《ばっこ》」などの語も感じが悪い。「むしかえす」「いけぞんざい」といった語には〈不快感〉が伴い、「ていたらく」には〈悪感情〉がこもっている。第1部でふれた「真っ昼間」「昼日中」も、単なる強調ではなく、そういう時間帯にはふさわしくないという〈不適感〉が感じられるだろう。

また、ことば自体に特に悪い感じがなくても、使われる場面や文脈によって好ましくない響きになる場合もある。率直な感じの「あした」に比べて「あす」には少し改まった感じがあるため、親しい間柄の会話で使うと、〈取り澄ました〉響きがあって水くさい感じになる。「カメラ」に対する「キャメラ」も、テレビなどの業界人は別として、一般人が使うと気どった感じがするし、「レディー」なども日本人どうしの対話でむやみに使うと、ずいぶん〈気障〉に響く。「特長」は「特徴」の中でも秀でた部分だけをさすため、自分側のことに用いると自慢や宣伝のような印象を与えて好感度が低くなり、いくぶん俗っぽい感じも伴う。

もともと「女」という語はごく普通に用いる一般的なものだったが、「女子供」と一括されるように、かつて男性中心の社会において、庇護すべき対象として、男より一段低く見られてきたという歴史の影響もあり、男性からそう呼ばれることに今では抵抗を覚える女性が少なくない。そういう語感が働くため、「女だてらに」「女のくせに」といった好ましくない表現の場合は「女性」に換言できない。「女子」は近年「女子力」「女子会」などという新語が生まれて、なぜか中年まで含む用法も出現したが、本来「女子走り幅跳び」などのスポーツ競技の名称に使う場合を除けば、ほぼ女児や若い女性に限られていた。「女子大学」を「女性大学」と換言すると、とたんにキャバレーの店名めいた妙な語感が生ずるのはそのせいかもしれない。

「瞳」は本来の意味としては「黒目」をさすが、「つぶらな瞳」「瞳を輝かす」のように、目全体の美称ともなる。そういう〈プラスイメージ〉を利用して、女の子の命名に使われる。同じ意味でも、「黒目」とか「まな子」とかと名づける親は考えにくい。

A40　①ウ　②ウ　③ア

Q 41

［特定の印象を与える表現］

次の①〜③について、文意や文体から考えて、よりふさわしいものを選んでください。

① 都会の【ア 一隅　イ かたすみ　ウ 一角】でひっそりとつつましく暮らす。

② 奥さんに聞いたんだが、彼の【ア 症状　イ 容態　ウ 状態】は相当に深刻らしい。

③ 今日は買い物に行って【ア ラッキー　イ 幸運　ウ 幸せ】だったよ、ビールが安売りだったんだ。

〈硬軟〉や〈好悪〉のような対立軸の中でことばを選ぶ場合もあるが、ほかにもことばそのものとともに伝わる何らかの〈印象〉に応じて表現をしぼる場合がある。知らずに用いると自分では思ってもみない〈印象〉で受け取られてしまうこともあるので、注意が必要だ。たとえば「湯殿」ということばは「風呂場」や「浴室」と同じものをさす。ここまでは「意味」の問題だが、「湯殿のシャワーが壊れて閉口したよ」などと言うと、ちぐはぐな感じになる。暗く湯気が立ちこめている檜風呂《ひのきぶろ》のような印象のある古めかしいこの語の語感が、近代的設備を誇る総タイル張りの浴室とイメージの衝突を起こすからだ。意味を知っているだけでは思いどおりに使いこなせない。このような語感も理解できてはじめて、その語が自分のものとなるのである。「湯殿」と同じく、「とこしえ」「朝ぼらけ」などには当然〈和風〉の雰囲気が濃く漂う。「おさな顔」「たなごころ」「身じまい」なども、単に古めかしいだけでなく、〈和風〉のしっとりした感じがしみついている。「艶《えん》」という語はあでやかで上品な色気を感じさせ、「老いの艶」など〈なまめかしい〉雰囲気が漂う。

「報復」に対する「仕返し」、「音楽」に対する「ミュージック」などには、いかにも〈軽い〉という語感がある。「幸運」に対する「ラッキー」もそれに近い。逆に、日常的な「出来物」と違い、「腫れ物」という語には〈重大な〉感じが伴う。立松和平は、「作家」や「小説家」に比べ、「文士」という語には〈凜然〉とした感じが漂うことを見抜いた。

「恐れる」「怖れる」に比べ「惧れる」「懼れる」という表記には〈趣味的〉な感じがあり、「思い出」に対する「想い出」「憶い出」、「タバコ」「たばこ」はもちろん「煙草」と比べても、「咽草」や「莨」にはそういう感じがある。

「一隅」より「かたすみ」のほうが〈ひそやか〉な感じが強く、外来語の「センス」という語が「感覚」以上に〈新鮮〉な感じに響くのはどうしたことかしらん?。

A41 ①イ ②イ ③ア

Q 42　［情趣を感じさせる表現］

次の①〜⑥について、「情趣を感じる」表現にしたい場合、よりふさわしい表現をそれぞれア〜ウの中から選んでください。

①輝く【ア 太陽　イ お日様　ウ 日輪】に目をやりながら、はるか前方へと歩を運んだ。
②明日《あす》は彼の【ア 旅立ち　イ 出発　ウ お出かけ】の日だ。
③【ア あちらこちら　イ そこらじゅう　ウ そこかしこ】に春の気配を感じる。
④この小説は読者を幻想の世界へと【ア ひきこむ　イ さそう　ウ いざなう】。
⑤【ア 気がつかないうちに　イ いつの間にか　ウ いつしか】日は西に傾いていた。
⑥ここで運命の人に【ア 出会う　イ 出逢う　ウ 出合う】ことになろうとは。

次に、ある印象を感じさせる表現の中でも、美的や詩的など、なんらかの趣を感じさせる語感をとりあげる。「水際」という語は格別の雰囲気を感じさせないが、それを「みぎわ」と読むと、語源は同じながら古風で〈雅やか〉な感じに変わる。「紐をほどく」という表現は日常語だが、同じく「紐解く」意から出た「ひもとく」は書物の帙《ちつ》のひもをほどいて読む意で、ふつう「繙く」と書き、古風で雅やかな雰囲気が漂う。

「初春」を「しょしゅん」と音読みすれば一般的な漢語だが、「はつはる」と訓読みすると、正月を意味する雅やかな雰囲気に一変する。「銀幕」は映画界を、「銀盤」はスケートリンクを、「銀輪」は自転車をさす、それぞれ美称である。

「思いを胸に」とくれば、「隠す」より「秘める」がぴったりする。「森の」に続けるには「静かさ」よりも「静けさ」のほうがいっそう趣が出る。「淡い」は「薄い」と同じ意味で色・味・光などについて使うが、「淡い檸檬《レモン》の味」とは言えても、苦みや臭みのようなマイナスイメージの感覚には使いにくいし、コーヒーや味噌汁のような生活臭のある具体物にはなじまない。「金色《きんいろ》」に対する「金色《こんじき》」、「空」に対する「天空」、「老木」に対する「老樹」、「向こう」に対する「彼方《かなた》」、「昔」に対する「昔日《せきじつ》」、「当時」に対する「往時」、「若い頃」に対する「若き日」にはそういう〈美化〉の意識が感じられる。「謳《うた》う」「かぐわしい」「うららか」なども同様だ。「大波」に対する「波濤《はとう》」、「うろこ」に対する「銀鱗《ぎんりん》」、「縁《えん》」に対する「えにし」、それに「風花《かざはな》」「まどろむ」といった表現には〈文学的〉な香りが漂っている。

「夕方の空」という表現には特に風情がないが、「夕空」となると〈詩的〉な感じになる。「日ざし」に対する「日影」も同じだ。「頂上」に対する「いただき」、「帰路」に対する「家路《いえじ》」、

「若者」に対する「若人」、「散歩」に対する「散策」、「夕日」に対する「落日」、「まぶしい」に対する「まばゆい」も、それぞれ〈詩的〉な雰囲気が漂っている。「残照」「残映」「悠久」「追憶」「郷愁」といった漢語や「夕闇」「宵闇」「まなざし」「恥じらい」「嫁ぐ」「たゆたう」「佇《たたず》む」「咲き乱れる」「高鳴る」「うららか」といった和語の一群にも〈詩的〉な響きが感じられる。

「毎日」という語には特別の雰囲気がないが、「日々」となるといくらか〈趣〉が感じられる。「陽光」「陰翳《いんえい》」「日暮れ」「中空《なかぞら》」「夕景色」「せせらぎ」「名残」「残り香」「忍び泣き」にも〈趣〉を感じる。その「趣」や「優雅」ということばも、その意味どおりの語感を響かせる。

「いつの間にか」という表現に特別の語感はないが、「いつか」となると若干〈抒情的〉に感じられ、「いつしか」「いつの日か」となるとそういう雰囲気がさらに強くなる。「そして」に比べ「そうして」は〈抒情的〉に感じられ、文脈によって万感の思いをひきずる雰囲気をかもしだすこともある。「町」に対する「街」にも、「感懐」や「追懐」といった漢語にもそういう雰囲気が感じられる。「昼過ぎ」には何の雰囲気もないが、「昼下がり」となると〈情緒的〉になる。「気持ち」に対する「心情」や、「行きずりの人」の「行きずり」もそれに近いだろう。

A42　①ウ　②ア　③ウ　④ウ　⑤ウ　⑥イ

［感触が伝わる表現］

Q 43

次の①〜③について、ア〜ウの中からもっともふさわしい表現を選んでください。

① あの【ア 人間　イ 人　ウ 人物】、ほんとに親切ね。

② ぼくだってもっと【ア 人間　イ ヒト　ウ 人】らしい生活をしたいよ。

③【ア 出身校　イ 母校　ウ 卒業した学校】の野球部が甲子園に出場するからぜひ応援したい。

用いることばの選択によって、同じ対象が違った「感触」で伝わることもある。自分の母親を呼ぶとき「お母さん」より「母さん」のほうが〈親しみ〉や〈郷愁〉を感じる人も多い。そうした語感のせいもあり、大人になってから関係の生じた夫の母に「母さん」とは呼びかけにくいだろう。ちなみに、小津安二郎監督の映画『東京物語』では、実の娘が「お母さん」と呼んでいるのに対し、息子の嫁は「お母様」と呼んでいる。

「ちゃぶ台」という語は畳の部屋で使う円い四脚の低い食卓を思わせるが、「食卓」という語にはない〈郷愁〉がある。同じく、「ベビーカー」に対する「乳母車」、「女子高生」に対する「女学生」といった古風な語は、どこか懐かしい〈郷愁〉を感じさせる。「郷里」に対する「故郷」や「ふるさと」も同様だ。「揺り椅子」「揺り籠」「わらべ唄」もそうだし、「街路」にも若干そんな感じがある。庄野潤三の『鍛冶屋《かじや》の馬』では、草深い田舎の面影が今なお残っている「鉄工所」をあえて「鍛冶屋さん」と呼んでいる。訪問時の作者自身の言によると、「牧歌的なものに対する興味、それから現代文明に対する抵抗の気持ち」から出た表現であったという。

「いえ」に比べて、「うち」という語には生活感、親近感がある。そのため、建築中の家や空き家など人が住んでいない建物には使いにくい。「卵」は客観的だが、「玉子」という表記は料理されたもの専用で、〈家庭的〉な雰囲気が漂う。自分の卒業した学校を客観的にとらえた感じの「出身校」に対し、「母校」という語には自分側にひきつけて考える強い〈思い入れ〉が感じられる。「はかない」や「あっけない」という語の背後にも、「はかない命」「はかない望み」「あっけない最期」など、本来永く続いてほしい対象に使う〈思い入れ〉を感じる。

大上段に構えた感じの「人間」に比べ、「人」という語には生活にとけこんだ温かみがあって〈親しみ〉がこもるが、「ヒト」と書くと生物学の分類じみて冷ややかに感じられる。「人間」という語にはどこか傍観者的な視点が感じられるという指摘もある。

A43　①イ　②ア　③イ

Q44　［特定の雰囲気をもつ表現］

次の①・②について、もっともふさわしい表現をア～ウの中から選んでください。

①ありがたい読経《どきょう》を聞いていると、【ア 楽園　イ 天国　ウ 極楽】が身近に感じられる。

②彼は【ア 他人　イ 他者　ウ よそ者】の存在に対する直観の問題を扱った論文で哲学の博士号をとった。

あるきまった分野で用いられることばは、その分野独特の雰囲気を感じさせる。わかりやすいのは宗教に関係することばだろう。「神主」「神官」「宮司」は神道、「僧」「僧侶」「坊主」「和尚」「住職」や「本堂」「僧庵」は仏教、「法王」「神父」「牧師」「司祭」「司教」「教会」「聖書」はキリスト教という違いはあれ、いずれも〈宗教色〉が色濃く感じられる語群だ。「寄進」「献納」「奉納」、「礼拝《らいはい》」「礼拝《れいはい》」、「社殿」「聖堂」「祠《ほこら》」、「地獄」「煉獄《れんごく》」、「預言」「受胎」「降誕」、「信者」「信徒」「教徒」、さらには、「輪廻《りんね》」「無常」「鐘声《しょうせい》」など、いずれもなんらかの〈宗教色〉を帯びている。

「永劫《えいごう》」「直観」「遍在」といった語には〈哲学的〉な雰囲気が濃く、「追究」「分科」「公差」

「緒論」「性向」「ベクトル」といったことばにも〈学問的〉な雰囲気が漂う。「あばく」や「すっぱぬく」に比べ、「ばらす」という語は、しばしば脅し文句に使われる関係もあり、どこか〈犯罪のにおい〉が感じられる。

「葬式」「葬儀」「葬礼」や「柩《ひつぎ》」「棺桶《かんおけ》」、「霊柩車《れいきゅうしゃ》」、「墓場」「墓地」といった語は意味的にはもちろん語感的にもそれだけで〈不吉〉な感じを漂わせる。逆に、「松竹梅」や「鶴亀」、「長寿」「長命」、あるいは、「寿《ことぶき》」「新春」「はつ春」といったことばには、一帯に〈めでたい〉雰囲気が漂っているだろう。

「撰者」という語は、古今和歌集のような古典的な歌集の編者などに用いられるため、この表記形であるかぎり、一般に用いられる「選者」に比べて〈古典的〉な感じがある。また、譲位して仏門に入った前の天皇をさす「法皇」という語も、そういう存在自体が過去のものだというだけでなく、ことばそのものにも〈歴史的〉な雰囲気が強く感じられる。

A44　①ウ　②イ

Q45

［主観性を感じさせる表現］

次の①〜③について、それぞれもっともふさわしい表現をア〜ウから選んでください。

①【ア 考えた　イ 思った　ウ 信じた】ことをすぐそのまま口に出してはいけない。

②【ア 連れ合い　イ 奥様　ウ 配偶者】がある場合は控除を受けられます。

③育ちざかりなんだから、もっと【ア 食し　イ 食べ　ウ 食らい】なさいよ。

「えらい」と「どえらい」とを比較すると、想定外の規模という内容を前者はある程度客観的に伝えるのに対し、後者はその点を強調しながら同時に自分の驚きや困惑の感情をこめた〈主観的〉な表現に感じられる。好きでないという好悪の情を客観的に伝える「好かない」に比べ、「いけ好かない」という語には、理由が何であれ生理的に好きになれないといった感情的なニュアンスが加わるぶん、それだけ〈主観的〉な感じが強くなる。

「大人」は「成人」で、「成人」も「大人」だが、「成人」には成年に達するという明確な基準があるのに対し、「大人」の範囲には幅があり、〈主観性〉の入る余地がある。同様に、「許容」は許す範囲や基準が比較的はっきりしているのに対し、「容認」は好ましくないと思っても状況次第で認めざるを得ない場合も多く、それだけ〈主観的〉だ。「冗漫」が比較的客観的なマイナス評価なのに対し、「長ったらしい」は不快感を前面に出した〈主観性〉の強いことばである。

「心で思う」に対して「頭で考える」というように、時間をかけて思考し判断を下す感じの理知的な「考える」に対し、「思う」は心の中に瞬間的に浮かぶ情緒的な判断をさすため〈主観性〉が強い。客観的な感じの「必ず」に対し、「きっと」は判断の根拠に自分の推測が入る感じが強い。「必ずうまくいくよ」と言われると太鼓判を押されたようで心強いが、「きっとうまくいくよ」だと、励ましはありがたいものの、いささか心許《こころもと》ない感じが残る。全体的で客観的な感じの「関心」に対し、「興味」は個人的で〈主観的〉な感じがある。印象は個人的でもそれを客観視して述べる「興味深い」に対し、「面白い」は主観的な評価をむきだしにしている。

自分の気持ちを表す「うれしい」や「楽しい」と違い、「喜ばしい」は多く他人の事柄に対して抱く感情であり、自身について使うと自分を突き放して〈客観的〉に観察した雰囲気が出る。「食う」や「食べる」が味わう感じを伴うのに対し、「食する」には感情をこめずに〈客観的〉に記述した感じが強く、食事を楽しむ雰囲気は出ない。「夫」や「妻」に対する「配偶者」は、自分にも他人にも使える客観的な表現だが、その人物を個人として話題にする場合には用いない。「まま母」に対する「継母《けいぼ》」も客観的で、親しみや憎しみなどを感じさせにくい。

A45　①イ　②ウ　③イ

Q46

［具体性を感じさせる表現］

次の①～③について、それぞれもっともふさわしい表現をア～ウから選んでください。

①まったく、【ア 一生　イ 生涯　ウ 人生】何があるかわからないものだ。

②今すぐやりたくて、もう【ア 待ち遠しい　イ うずうずする　ウ 待ちきれない】。

③古い建物だから、壁と柱の間に【ア 隙　イ 隙間　ウ 間隙】があるのです。

「けがれた手でさわらないで」と言い放つと映画の一場面のようで、取りつく島もないが、「よごれた手でさわらないで」なら、手を洗えばすみそうな感じがする。「けがれる」に比べて、「よごれる」は実際に目に見える具体的な汚れを思わせるからだ。このように、意味としては重なりあうことばでも、どれだけ具体的な現実に即しているかによって使うべき文脈が異なることがある。

「増す」が〈抽象的〉な存在について程度の増加を問題にする傾向があるのに対し、「増える」は逆に〈具体的〉な存在についてその数量の増加現象を問題にしている感じがあるという。たしかに「人気が増す」「勢いが増す」のような場合に「増える」を使うと不自然になる。「増す」には少し硬い雰囲気もあるので、「体重が増える」を「体重が増す」というと日常会話らしさが減る。「増加する」も、「喜び」や「悲しみ」のような抽象的なものより数値で表せる対象に使うことが多い。

「体験」も、「経験」に比べ、具体的な行動をとおして印象に残っている感じが強い。一方、具体的な危険性を思わせる「危ない」に比べ、「危うい」はそういう露骨さを薄める目的で使われることもあるように、より〈抽象的〉な感じが強い。多く具体的な意味合いで使う「命中」に対し、「的中」はむしろ〈抽象的〉な意味合いの連想が起こりやすい。

単に「待ちきれない」と概念的に表現するより、「うずうず」という擬態語を用いたほうが相手に〈感覚的〉に訴える効果が大きい。「むずむず」とすれば、気分的な段階にとどまる「うずうず」以上に、落ち着かない気分で体が今にも動き出しそうな気配を届けることができる。

「人生論」「人生相談」の「人生」が「一生」や「生涯」に置き換えられないように、「人生」にはその人間の生き方という具体像が背景にあるように思われる。「疑う」は心の中での思考作用を問題にしており、「疑る」はその疑いの気持ちが〈具体的〉な行為や表情やことばの端々に出る感じがある。抽象的な意味合いでも使われる「隙」に対し、「隙間」という語は空間的な狭い空きという〈具体的〉な存在を連想させやすい。

A46　①ウ　②イ　③イ

Q 47

［季節感を感じさせる表現］

次の①〜⑤の語が感じさせる季節は、春夏秋冬、それぞれいつでしょうか。

① 端居《はしい》 ② 花冷《はなび》え ③ 緑陰《りょくいん》 ④ 淡雪《あわゆき》 ⑤ 風花《かざはな》

日本は四季の区別がはっきりしており、日本人は四季の移り変わりに敏感で、日本語にも季節感を漂わせることばが多い。俳句の季語集を開いてみると、日本語には季節と結びつくことばがどれほど多いかよくわかる。

「陽炎《かげろう》」はすぐに〈春〉を連想させる。服部嵐雪に「梅一輪一輪ほどの暖かさ」という有名な句がある。梅の花が一輪また一輪と開くたびにほんの少しずつ暖かく感じられるという気温の変化を詠んだというより、ある日、梅が一輪咲き出したのを見つけ、そういえば今日はそのぶんだけいくらか暖かく感じられると実感を詠んだと考えるほうが自然だろう。夜の霧をさす「おぼろ」や、秋の霧に対する春の「霞《かすみ》」も、その季節感を運ぶ。「花冷え」はその名のとおり、桜の咲く頃に急に寒さが戻ることで、春を連想させることばである。「のどか」や「うららか」も〈春〉の季語だ。「淡雪」は春に降る消えやすい雪のことで、季節を特定しない「泡雪」とは異なるので注意。

室生犀星に「わらんべの洟《はな》もわかばを映しけり」という夏の句がある。汚ない洟に美しい新緑が映っている皮肉な光景だ。「五月雨」「夕立」「油照り」「涼風《すずかぜ》」などは〈夏〉の季節感を呼び起こす。「緑陰」とは夏に青々と葉の茂った木陰《こかげ》のこと。「端居」は夏の夕方に涼を求めて家屋の端、つまり縁側などに出ていることだ。

「明月」「赤とんぼ」「紅葉」「いわし雲」「秋刀魚《さんま》」あるいは「夜寒《よさむ》」などには、〈秋〉の季節感が漂っている。「残菊」「晩菊」「末枯《うらが》れ」も秋の風情だ。

「小春日和」は春の暖かな日ざしのことだと思いこみやすいが、「小春」は陰暦の十月、今の十一月頃の別名であり、晩秋から初冬にかけての頃の春に似た暖かい日和をさす。「風花」は花ではなく雪をさす。初冬に風に乗って運ばれる雪片や晴天に降る細かな雪で、文学的な文章などでまれに使われ、詩的なイメージを誘う。「木枯し」「湯冷め」「柚子湯」「鍋焼きうどん」あるいは「樹氷」「雪晴れ」など、〈冬〉の季節感がしみついたことばも多い。「着ぶくれ」「重ね着」「おでん」「納豆汁」も冬の季語である。

A47　①夏　②春　③夏　④春　⑤冬

コラム5――各種辞典の役割分担

ことばを時間的に区切る古語辞典や新語辞典がある。国語辞典に載る古語は語数も少なく説明も簡略だから、「淡海《あはうみ》」が海の意の「塩海《しほうみ》」に対する語であること、「口付け」が口癖をさしたことなどは古語辞典の分野だ。「エコバッグ」「生前葬」「スローフード」「メタボ」や珍しい意の「レア」といった出入りの激しいことばは新語流行語辞典の縄張りだ。

空間的に区切ると方言辞典になる。地方のことばは東京でも一般に使われるほど広がらないと原則として国語辞典には載らないから、純粋な方言を知るには方言辞典が必要だ。徒然草の「徒然」が「とじぇん」として宮城県に生きていたり、奈良県で菓子そのものを「あまい」と言ったり、意外な発見もあって眺めているだけで楽しい。

「水もしたたる」「肩を持つ」「足が出る」「心にとめる」といった固定表現を専門に集めた慣用句辞典もある。「幸福」「さいわい」「しあわせ」、「白状」「自白」「供述」のような意味の紛らわしいことばの用法を比較して微妙な違いを探るのが類義語辞典の役割だ。類語辞典も名称は似ているが、こちらはむしろ表現の枝道に迷いこんだときに役立つ。相手に伝えたい概念やイメージの最寄りのことばをめざして道案内する。「野分《のわき》」か「木枯《こが》らし」

か、「車内」か「車中」か「車上」か、「後部」か「後方」か「背後」か、あるいは異性に心ひかれる気持ちを表すにはどんな語群があるかを一望できるよう、ことばを意味によって再編し、分野ごとに配置したいわば日本語の地図である。

百科事典的な要素を加味した国語辞典もある。分野ごとの専門辞典を百冊並べても、調べたいことばがどれに載っているかわからなければ役に立たない。「穴熊」といっても動物とは限らず、「と金」も金属ではないから、どの語はどの辞典を引くべきかを案内する百一冊目の辞典が必要になる。その種の総合的な国語辞典は、診断結果によって専門医や総合病院に患者をふりわけるホームドクターとして心強い存在となるだろう。

しかし、「芝居」と「演劇」、「情感」と「感情」と「心情」、「友」と「友達」と「友人」、「耳あか」と「耳くそ」、「または」と「あるいは」と「もしくは」は、それぞれどのような感触の違いがあるかという方面になると、国語辞典ではほとんど解決できない。その語の文体的なレベルや感触・イメージ・雰囲気といった語感、そこに連続する用法の微妙なニュアンスを知るヒントを与えるのが語感辞典の任務である。ことばという球体の前面に光る〝意味〟の世界、その背面にひそむ〝語感〟の闇にようやく光が届き始めた。やがて照らし出され、ことばの全貌がいずれ姿を現すだろう。

Q48

〔位相により異なる表現〕

次の①〜④は、現在では一般的に用いますが、もとは特定の分野で使われていたことばです。それぞれどの分野から出たことばか、ア〜エから選んでください。

①駄目　②勇み足　③成金　④本命

ア 相撲　イ 囲碁　ウ 将棋　エ 競馬

室町時代の宮中に仕える女官の隠語的なことばから一般に広まった女房詞《にょうぼうことば》をはじめ、一定の社会・階層・地域・分野で使われる特徴的な傾向を[位相]としてまとめてみよう。「虫歯」は日常語だが、「齲歯《うし》」は歯科医の使う〈専門的〉な語だ。「母国語」に対する「母語」、「話し手」に対する「話者」も言語学系統の専門語と見られ、両者の複合した「母語話者」もむろん専門語である。「音韻」「音素」「擬情語」「時制」「アスペクト」も同様である。「話し手」と「書き手」の総称である「送り手」や、「聞き手」と「読み手」の総称である「受け手」もやや〈専門的〉だ。「児童」という語も、単に「子供」という意味で使えば一般語だが、「小学生」だけをさす用法では教育の場での〈専門的〉なことばとなる。

「供述」「拘留」「係争」「科料」「執行猶予」などは法律関係の〈専門的〉なことばであり、「現場」も「げんば」と読めば一般的だが、「げんじょう」と読めば警察関係者が使いそうな〈専門的〉な感じになる。「薬物」「洗滌《せんでき》」「剔出《てきしゅつ》」「歯列」「尿路」などは医学や薬学の〈専門的〉な語である。「祭り」に対する「祭礼」や「祭祀」、「自署」「召喚」「成形」「精錬」「変位」「心像」「贓品《ぞうひん》」「草本」「鉛直」「因子」など、いずれもかなり〈専門的〉な語である。

どのような分野から出たことばかという〈出自〉も、それが意識されれば語感として働く。「仕切り直し」「待ったなし」「肩すかし」「軍配が上がる」「物言いが付く」「土俵際」「胸を借りる」「露払いを務める」「金星」「黒星」などは、相撲用語を借りて比喩的に意味を拡大した表現である。「全力投球」「直球勝負」「変化球を投げる」「ピンチヒッター」「空振り」「続投」などは野球、「スタートライン」「ラストスパート」「ゴールイン」「ハードルを低くする」は陸上競技と、スポーツ界の〈出自〉が多い。「ダークホース」は競馬、「一目置く」は囲碁、「王手がかかる」「飛車角落ち」は将棋から出た表現である。「おととい」に対する「おとつい」、「わたし」に対する「うち」、「いる」に対する「おる」、「転ぶ」に対する「こける」、「むずかしい」に対する「むつかしい」などには〈方言色〉がしみつき、「しんどい」「しばれる」もそれに近い。「おちょくる」は関西方言らしく、「小汚い」「ざっかけない」も東京弁辞典にある。

A48　①イ　②ア　③ウ　④エ

Q49　［語の性質による語感］

次の①〜③について、それぞれの文脈においてもっとも一般的によく使うと思われる表現をア〜ウの中から選んでください。

①今日は長距離のドライブだから、まず【ア 給油所　イ ガスステーション　ウ ガソリンスタンド】に寄って行かないと。

②明日の会食では、出席者の皆さんにそれぞれお席で【ア 卓上演説　イ テーブルスピーチ　ウ テーブルトーク】をお願いしています。

③医師の忠告を聞いて、健康のために毎日一時間の【ア うたた寝　イ 午睡　ウ 昼寝】をとることにした。

本書の冒頭で述べたように、日本語は何度も外来文化の波を受けながら現在の形にできあがってきた重層的な構成になっている。今では特に意識せずに用いているものも多いが、やはり漢語は硬く冷たい印象を与えやすく、和語は逆にやわらかく温かな雰囲気をもち、外来語は斬新で軽快に響くといった、それぞれの特徴がある。そのため、どのような種類の単語かという〈語種〉も当然ながら語感に関係する。

「からだ」と「身体」、「わな」と「陥穽《かんせい》」、「しぶき」と「飛沫《ひまつ》」、「昼寝」と「午睡《ごすい》」、「誤り」と「誤謬《ごびゅう》」、「隔たり」と「懸隔《けんかく》」、「誇り」と「矜持《きょうじ》」、「もろい」と「脆弱《ぜいじゃく》」とを比べれば、どれも前者に〈和語的〉なやわらかいタッチが、後者に〈漢語的〉な堅苦しい響きが感じられる。「アクセス」「イマジネーション」「コレクション」「ベーシック」「リリカル」「クレバー」などには〈外来語〉らしい新鮮さや軽快さが感じられる。一方、「アフターサービス」「ガソリンスタンド」「ベッドタウン」「モーニングコール」「ガッツポーズ」「テーブルスピーチ」「ペーパードライバー」のような〈和製英語〉は、本場で通用しない英語もどきの日本語だと知っている人には恥ずかしい感じもあるだろう。とはいえ、「ガスステーション」や「テーブルトーク」のような英語の正しい表現はまだ外来語として定着しておらず、使うと気障な感じに響く。「とらえる」と「つかまえる」が混合した「とらまえる」とか、「破る」と「裂く」を混ぜ合わせた「やぶく」とかといった〈混交語〉は、教養を疑われる感じがぬぐえない。「いらいら」「かっと」「ぎくり」「ぐんぐん」「じゃんじゃん」「どきんと」「どしどし」「べたつく」「むっと」「やきもき」のような〈オノマトペ〉は、一般的傾向として感覚的で親密でやや子供っぽい印象を与えるだろう。

A49　①ウ　②イ　③イ

Q50

[言語的性格の異なる表現]

次の①〜③について、それぞれもっともふさわしい表現をア〜ウから選んでください。

① このサンマ、【ア 油　イ 脂　ウ 膏】がのっておいしそうだ。

② カリフォルニアのボブ君の家の隣に【ア ナカムラ　イ 中村　ウ 中むら】さんという日系人が住んでいるらしい。

③ 雨が【ア はらはら　イ ぱらぱら　ウ ばらばら】降ってきた。

ことばの位相や語種のほかにも、ひらがな・カタカナ・漢字という用字の違いや、その語に宛てる漢字による印象の差、音の響きによる違いなど、さまざまな言語的な性格の違いがある種の語感を形成することが少なくない。

アメリカに「亜米利加」と漢字を宛てる。そのうち、「アメリカン」が「メリケン」と聞こえたように、際立つ「メ」の音に宛てた「米」で全体を代表させ、「米国」と書くこともある。「英吉利《イギリス》」の「英国」も同様だ。その他、「仏蘭西《フランス》」「西班牙《スペイン》」「葡萄牙《ポルトガル》」「希臘《ギリシャ》」など、こういう欧米の国名の漢字表記は古めかしく懐かしく、時に高級そうな雰囲気を漂わせる。「倫敦《ロンドン》」「伯林《ベルリン》」「紐育《ニューヨーク》」「桑港《サンフランシスコ》」など、国名に限らず非漢字国の地名を漢字で書くと、たしかにあまり機能的ではないが、おおむね昔なつかしく厳かな感じを与える。

それは地名だけではない。「タバコ」に対する「煙草」や「烟草」、「ビール」に対する「麦酒」、「ガラス」に対する「硝子」、「クラブ」に対する「倶楽部」、「ヒヤシンス」に対する「風信子」にも共通して古風な高級感が漂う。「珈琲」が「コーヒー」より本格的でより高価な感じを受けるのは、まさにそういう〈用字〉による語感のせいである。

「人」に対する「ヒト」、「総理」に対する「ソーリ」、「広島」に対する「ヒロシマ」、「風俗」に対する「フーゾク」など、異例のカタカナ表記はそれぞれ違った何らかのニュアンスを添える。カタカナだけではない。「ふらんす語」と書けばやさしい感じになるが、何年習ってもスタンダールの『赤と黒』が原書で読めるようにならないといった遊びの雰囲気も漂う。これも意味ではなく〈用字〉から来る語感のせいである。「中村」も「ナカムラ」と書くと日系人の雰囲気が漂うし、「中むら」と書くとなにやら料亭の看板のようにも見えて、論文の署名にはどうも使いにくい。

若いころに出版社勤務だった作家の吉行淳之介は、漢字制限で名刺が「編輯者」から「編集者」になったとき、まるで職業が変わったような意識だったらしい。田宮虎彦は夏の強い「ひざし」には「日射し」、秋の弱い「ひざし」には「日差し」と別々の漢字を宛てて、それぞれの感触を表現し分けようとしたという。どちらも直接聞いた話だから確かだ。

同じ和語でも漢字の宛て方ひとつで微妙にニュアンスが違ってくる。「油」はもっとも一般的な表記だが、主に石油や植物油などの液体のものをさし、「脂」は動物脂肪など固体のものをさす。「膏」は「蝦蟇《がま》の膏」などの場合に用いるが、「油」「脂」による代用が可能なことも多く、用例は少ない。「元」と「下」と「基」と「本」、「川」と「河」、「舟」と「船」、「憂い」と「愁い」、「有る」と「在る」、「撃つ」と「射つ」、「生む」と「産む」、「探す」と「捜す」、「戦う」と「闘う」、「暖かい」と「温かい」などは、そういう何らかのニュアンスの差によってそれぞれ慣用的に書き分けている例である。

「嫣然《えんぜん》」と「婉然」と「艶然」、「矯正《きょうせい》」と「匡正」、「慧眼《けいがん》」と「炯眼」、「交誼《こうぎ》」と「好誼」と「厚誼」、「広報」と「公報」、「従順」と「柔順」、「探険」と「探検」といった漢語の同音類義語の間にも、意味と語感の微妙なずれが感じられよう。混種語の「手帳」と「手帖」との比較でも、後者の表記に古風で懐かしい感じがある。

音声面に目を向けると、「にほん」か「にっぽん」かという問題がある。戦前や戦中までは「にっぽん」と発音する例が今よりずっと多かったが、戦後は日常生活で「にほん」と発音するケースが圧倒的に多くなった。しかし、「にっぽん」が消えたわけではなく、国家の正式名称という意識の強い場合に使う。オリンピックやワールドカップ・世界選手権など、国の代表が参加するスポーツ大会などでは「にっぽん」と言うほうが多い。応援の際も「ニッポン、がんばれ！」という声が弾む。「ニッポン、チャチャチャ」と七拍に発音すると日本語としてリズミカルに響く。「ニホン」では日本選手も力が入らない感じがする。両唇の破裂音という点では古風な「ジパング」も間ののびした感じの「ヤポン」も共通だから、ここは「ニッポン」の「ッポ」というふうに〈促音〉に続く両唇の〈破裂音〉Pという音声構造が力強さを印象づけるのだろう。元気を取り戻そうとしてか、近年はニッポンが若干復活ぎみと聞く。ほかの例で見ても、「おっぱじめる」「かっぱらう」「こっぴどく」「すっぱ抜く」「突っ走る」「ひっぱたく」など、同じ音構造をもつ単語は総じて力強く響く。

また、「トントン」という音より「ドンドン」という音のほうが腹まで響く感じがある。「カーカー」より「ガーガー」、「キャッ」より「ギャッ」のほうが神経にさわる感じが強い。これらの組み合わせはどれも清音と濁音の対応になっているから、これは〈濁音〉のことばが一般に帯びやすい語感であると考えられよう。

各駅停車の電車を専門語としては「緩行《かんこう》」と言うそうだが、一般人は日常「鈍行」と呼び習わしている。「ドンコー」という音、特に語頭の〈濁音〉がきつく響き、そのことも軽蔑的なニュアンスに関係しているかもしれない。となると、「貪欲」という語がきつい印象を与えるのも「とんよく」でなく「どんよく」と読むときで、意味だけではなくそういう音構造も影響している可能性が否定できない。「げじげじ」「ごきぶり」「だぼはぜ」や「どじ」「どす」「どぶ」

「どやす」あるいは「がなる」「ぶすっと」など、いずれも語頭の濁音が、汚れた感じの不快感を伴うきつい響きを印象づけるようである。

関西で生まれ育った人は東京に出てきて初めて「ばか」とどなられたときにひどいショックを受けると聞く。「あほ」と言われるのには慣れているという事情も大きく影響してはいるが、「ばか」ということばの語頭の濁音がきつい感じを増幅するという面もあるだろう。ちなみに、ものが散り落ちるとき、「はらはら」は枯れ葉か粉雪、「ぱらぱら」は雨、「ばらばら」は霰《あられ》と、この場合もやはりだんだん重くなる感じがする。

〈造語要素のイメージ〉として、ことばの構成要素である一字一字の漢字の違いが語感を左右することもある。「愛欲」も「情欲」も「色欲」も似たような意味だが、この順にイメージが悪くなる。さらに、「性欲」「淫欲」「肉欲」「獣欲」と並べていくと、後の語になるほど、さらにどぎつい感じが強くなる。どの漢語も後続する要素はすべて同じ「欲」だから、こういう印象の違いは、前につく漢字「愛」「情」「色」「性」「淫」「肉」「獣」のイメージの違いが反映していると考えるのが自然だろう。

〈接辞〉が語感に働く場合もある。「素っ裸」「素っとぼける」の「素」や、「真っ赤」「真っ正直」「真っ裸」「真っ昼間」の「真」は強調するだけだが、「真ん中」に対する「ど真ん中」や「ど根性」「ど素人」「どあほ」「ど助平」「ど下手」「どでかい」「どえらい」「どぎつい」の

「ど」は意味の強調に加え、語感としてもきつい印象を作り出す。

「うるさい」に対する「小うるさい」、「憎らしい」に対する「小憎らしい」、「きれい」に対する「小ぎれい」では、「小」によって「ちょっと」という遠慮ぎみの意味合いを添えることで、表現としてはかえって無視できない雰囲気をかもしだす。「空寒い」「空恐ろしい」の「空」も、「何となく」という意味合いを添えることで無気味な感じを印象づける。「もの静か」「ものやわらか」「もの淋しい」「もの悲しい」の接辞「もの」も「何となく」という意味合いを添え、自分ではどうにもならないというニュアンスをにじませる。

「か細い」「か弱い」といった語が繊細な感じを与えるのも〈接辞〉「か」のもたらす語感だろう。「いけぞんざい」「いけ好かない」「いけ図々しい」といったことばに共通して認められる、小癪《こしゃく》にさわる厭らしい感じも、「いけ」という接辞の働きによる。「薄い」に対する「薄っぺら」が軽々しく価値のない雰囲気を漂わせるのも「ぺら」がくっついた効果だろう。

A50　①イ　②ア　③イ

Q51

「上」と「下」や、「積極的」と「消極的」のような関係を〝対義語〟と考えた場合、次の①・②の対義語をそれぞれ二つずつあげてください。

［多義性をもった表現］

①高い　②退社

「名」も「名前」も日常語だが、何をさすか瞬間的にわかりにくい例が多い。「名をなす」で「名声」を、「社長とは名ばかり」で「名目」を、「会の名前」で「名称」を意味するだけでなく、どちらも、姓名をさすのか、姓だけをさすのか、姓を除く個人の名をさすのかが明確でないからだ。こんなふうにとまどいやためらいを誘う［多義性］から出る語感もある。「服」も、衣服全体か、洋服か、上着だけか、瞬間的に判断がつきかねる。「酒」も同様で、アルコール飲料全体をさしたり、日本酒だけをさしたり、時には特に清酒をさしたりする。「開店」という語も、新たに店を出す場合、休んだ後に再び店を開ける場合、その日の営業を開始する場合に使われ、店の開いている時間をさすこともある。

「雇用者」は雇い人と雇い主の両方を意味するので、その混乱を避けるために、もっぱら前者をさす「被雇用者」という語が作られた。そもそも「ことば」ということば自体が、「語」

「句」「文」「表現」「文章」という各レベルをさし、「言語」という大きな単位をさすこともある。いずれも似たような話題で出てくるため、実際に混乱が生じることも多い。

「慣用句」という語も、「水に流す」「足を出す」など、構成する個々の語の意味の総和からは導けない意味を、その句全体として表す場合の語結合をさすことが多いが、「汗をかく」「恥をかく」といった単なる固定的な連語を含める場合もあり、さらに、「梯子《はしご》酒《ざけ》」「左うちわ」のような比喩的・派生的な意味をもつ複合語や、「負けず嫌い」のように論理的に説明できない慣用的な言いまわしをさす場合もあり、さらには、「はじめまして」「どういたしまして」といった一定の形でくり返される表現まで含める場合もあって、話し相手をとまどわせる。

「曖昧」という語も、よく考えてみると、それ自体が曖昧であることに気づく。明瞭でないという点は共通するものの、抽象的で茫漠としている場合と、いくつかの意味になる多義的な場合と、程度として中間的な場合とがあり、どれも似たような文脈で使われるために話が混乱しかねない。「高い」の場合は高さなのか値段なのか文脈でおおよそ想像がつくが、「退社」の場合は混乱することも多い。職場にかけた電話口で「すでに退社いたしました」と言われると、一瞬どきっとすることもある。

A51　①(身長などが)低い、(値段などが)安い　②入社、出社

Q 52

上段の①〜④と、下段のア〜エについて、連想可能なものをつないでください。

［連想をさそう表現］

① 三日天下　ア 藪医者
② 竹の子　イ 唐の玄宗
③ 駅弁　ウ 明智光秀
④ 梨園　エ 大学

ある語を使うときに関連のある他のものが連想され、それが語感として働く場合もある。関連にもさまざまあるが、語源が意識にのぼることも多い。「撞着《どうちゃく》」と同じ意味ながら「矛盾」という語は、商人が「この矛《ほこ》はどんな盾《たて》でも突き通す」「この盾はどんな矛で突いても通らない」と宣伝したという『韓非子』の故事を連想させる。「推敲」という語も、詩作をしている際に、門を「推《お》す」にすべきか、「敲《たた》く」にすべきか悩んで韓愈《かんゆ》に相談したという、唐代の詩人賈島《かとう》の故事を思い出させる。「嚆矢《こうし》」とは音のなりひびく「かぶら矢」の意味だが、古代の中国で開戦のしるしにこれを用いたことから、広く一般に物事の始まりを意味するようになったらしい。

これも中国の故事で、蛇の絵を描《か》く競争で早く描き上げた者が、ついでに足まで描き添えたせいで争いに敗れたことから、よけいなもの、無駄なものを付け加えることをさす「蛇足《だそく》」という語もそうだ。杜黙《ともく》という人の作った詩に律の合わないものが多かったという故事から、いい加減なことやぞんざいなことをさすようになったという「杜撰《ずさん》」なども、そういう〈語源の想起〉を誘うだろう。

「梨園《りえん》」はいまでは「梨園の御曹司《おんぞうし》」などと歌舞伎の世界について用いるほうが知られているが、元は唐の玄宗皇帝が梨の木を植えた庭園で自ら音楽を教えたという故事にもとづく。知っている人にはそういう連想の働くことばだろう。国内の故事では、「三日天下」という語が、本能寺に織田信長を討って天下を取りながら、あっという間に豊臣秀吉に滅ぼされた明智光秀の故事を思わせる例がよく知られている。史実はその間「三日」ではなく十三日後であり、実際に手にかけたのは農民だったらしい。

夏目漱石の『坊っちゃん』で主人公が「あの瀬戸物はどこで出来るんだ」と尋ね、博物の教師に「あれは瀬戸物じゃありません、伊万里です」と笑われる。愛知県の瀬戸周辺で産するところから「瀬戸物」という語が陶磁器一般をさすようになったのだが、そういう語源が意識にのぼると九谷焼・備前焼・萩焼・有田焼などには「せともの」という語が使いにくい。「悪党」も、もとは禁圧の対象とされた武装集団をさしたという語源が連想されると、その語を一個人には使いにくくなる。「やくざ」が賭博で「八・九・三」の札がそろうと最悪の手となるところから出たとか、物事の創始者を意味する「鼻祖」が、人間が胎内で鼻から先に形成される関係でできた語だとかといったあたりになると、相当の教養がないかぎり現実には特別の語感が働かないから、ここは個人差がきわめて大きい。

その語のもっている別の意味が浮かんで特殊な語感となることもある。「出船《でふね》」は古風で懐かしい感じがするだけだが、「船出」は新生活の出発を象徴するめでたい雰囲気が漂う。「重症」「はらむ」「つまずく」「よろめく」「しびれる」「麻痺」「目覚め」といったことばもそれぞれ、基本的意味と〈比喩的用法の連想〉が交錯することがある。

広く見られるのは〈同音語・類音語の連想〉で、誤解や駄洒落《だじゃれ》のもとになる。昔は天下分け目の早慶戦の朝、早稲田の安部寮では「敵に勝つ」ため選手が「ビフテキ」と「トンカツ」を食ったと伝えられる。金曜日を「フライデー」と称してフライの材料を店に並べる懇意の魚屋も近所にある。いつだったか高校野球の監督が「フライを上げちゃだめだ」とゴロを打つように指示していた。一瞬「フライを揚げる」イメージの浮かぶ選手がいてもおかしくない。ある出版社の倒産直後に「父さん」と呼ばれてどきっとしたという博識の親しい編集者も実在する。「A図」と聞いて「HIV」と誤解し、「サラブレッド」から「パン」を連想する人もあるかもしれない。

「スイミングクラブ」を透かしに使って「睡眠倶楽部」などを設立する駄洒落系の遊びもある。痩せた人間を「骨皮筋右衛門」と称する大昔の例もそのイメージがおかしい。洋行帰りを鼻にかけて自慢げにふるまう連中を、アメリカで小便をしてきただけという意味合いで「アメション」と呼んで、海外経験のない側がやっかみ半分からかった古めかしい例も同様だ。祈禱《きとう》で治療する人をさす「野巫《やぶ》」から出たという「藪《やぶ》医者」は有名だが、その「やぶ」のレベルにも達しないという意味で「竹の子医者」と言うと滑稽な語感が生じる。竹の子の皮をはぐように、着ているものを脱いで売っては食費に充てた、あの戦後の困窮生活を「竹の子生活」と自虐的に命名して笑いを糧とした一時期のあった事実を伝えよう。

戦後になってにわかに各県に追加された国立大学を「駅弁大学」と呼んだ例がある。これは「駅弁を売る駅のある都市には必ず大学がある」と揶揄《やゆ》した大宅壮一の造語だという。手軽に間に合わせる感じで、そう言われた大学側は気分がよくないだろうが、その思いつきにはつい笑ってしまう。これも〈滑稽な連想〉にもとづく例に入るだろう。

A52　①ウ　②ア　③エ　④イ

Q53

［発想の異なる表現］

次の①〜③について、それぞれもっともふさわしい表現をア〜ウから選んでください。

①最近は他人の子供を【ア　怒る　イ　どなる　ウ　叱る】人が少ない。

②ページをめくるとき指を【ア　なめる　イ　しゃぶる　ウ　ぬらす】のは悪いくせよ。

③私の夢は、燃料がなくても【ア　とこしえ　イ　永遠　ウ　永久】に動き続けるエンジンを開発することです。

結果として似たようなことをさしても、どういうところに着目して、それをどうとらえたかという［発想］が異なると、やはり違った語感として響く。

単に時間的・空間的な距離が縮まるという意味の客観的な「近づく」に対し、「近寄る」という語では心理的な側面が重要な働きをする。「夏休みが」とか「山が次第に」とかといった文脈では「近づいて来た」となり、「近寄る」は使えない。「近づきにくい」のはそのような具体的な条件がある場合だが、「近寄りがたい」場合は人を寄せつけない威厳や態度など、目に見えない雰囲気が関係している感じが強い。「近づくな」は接近する行為を禁じているだけだが、「近寄るな」となると、そんな気持ちを起こすことまで禁じられている雰囲気に変わる。

似たような意味でも発想が違うのだ。「くるむ」も「包む」の一種だが、中の物を大事に扱う感じが強い。「なでる」は一回でもいいが、「さする」は二回以上必要な感じがある。「なめる」は一回だけの動作でも使えるが、「しゃぶる」は繰り返し行う点に特徴がある。「煙が目にしみる」「心にしみる」のように「しみる」は内部へ向かい、「インクがにじむ」「血がにじむ」のように「にじむ」は表面に向かう。

「溶かす」に比べ、「溶く」は早く溶けるようにかきまわすなど、人間が直接具体的に手を加える感じが強い。「はぐ」と「はがす」を比べると、後者のほうが途中経過が意識され、時に抵抗のありそうな感じもある。「開《あ》ける」は閉鎖状態から開放状態への移行で手段や方向は意識されないが、「開《ひら》く」のほうは、窓や戸を押し開くか、左右に引くかするイメージが強い。

「全力」は全体を一つの単位と考え、「総力」は集合体と考えている感じが強い。

「基礎」と「基本」とには土台石と大黒柱といったイメージの違いがある。前者は物事を築きあげる土台であり、後者はすべてを貫く中心をなす。「地球」は立体というイメージの発想であり、「世界」は地表という平面をイメージさせる。「未来」が一秒後でも何百年後でも違和感のない客観的なとらえ方なのに対し、「将来」は主体側に引きつけて現在と直接つながる範囲を考えている感じが強い。

「ようやく完成にこぎつけた」のように、「ようやく」は実現するまでのプロセスが意識にのぼりやすく、「やっと」は、「やっとできあがった」のように、実現の瞬間に焦点があたるとされる。「うっかり」が不注意による失態を問題にしているのに対し、「つい」は無意識のうちに起こってしまった失態を悔やむ感じが強いようだ。

「素っ裸」が最後の下着一枚の着脱という非連続の到達なのに対し、「真っ裸」はバスタオルをずらすような形で次第に実現する連続的な接近という発想の違いが感じられる。

近年、「先生にこっぴどく怒られた」というふうに、「叱る」に近い意味で「怒る」と言う俗な用法の例が増えたが、「ちょっとしたことですぐ怒る」のように、「怒る」は本来、感情的な行為である。それに対して、「叱る」の場合は「将来を考えてきつく叱る」のように、その相手に対する教育的配慮が働いている、という基本的な違いがある。

「永久」と「永遠」はほとんど同じ意味で使うが、「永遠」のほうが時間を超越した感じもあって賞《ほ》め讃《たた》える場合によく使われる。これに対し、「永遠」では代替のきかない「永久歯」「永久磁石」「永久追放」「半永久的」のような用法からもわかるように、どこまでも果てしなく続くという意味を共有しながら、「永久」にはあくまで時間軸に沿ってものを考えているというニュアンスの違いが見られる。

A53 ①ウ ②ア ③ウ

Q 54

［適用範囲の異なる表現］

次の①〜③について、それぞれもっともふさわしい表現をア〜ウから選んでください。

① こんど、郊外に【ア 家屋　イ 住宅　ウ 住居】を移すことになりました。

② 久しぶりに会ったら、相変わらず元気そうな【ア 顔色　イ 顔立ち　ウ 面持ち】をしていた。

③ 諸君の尽力により、わが社の営業成績は今年度【ア 少し　イ こころもち　ウ 若干】の増収が見込めるところまで回復した。

似たような意味であっても、どの語をどの範囲に使うと適切か、という適性領域の差も語感に反映する。「霧」は一般的にどの季節でも使うが、〝季節〟の項でふれたように、とくに秋の深い霧を連想させる。「おぼろ」は春の夜の霧、「かすみ」は春の薄い霧、「もや」は薄い霧に対して使う傾向がある。

とはいえ、一方、春の牡丹《ぼたん》、秋の萩《はぎ》にちなんで命名した餅菓子「ぼた餅」と「お萩」との季節による使い分けは消えつつある。「名月」は陰暦の八月十五日と九月十三日に見る月に限るのが本来だが、「明月」となると、澄み切った月ならそれ以外のときにも使う。

三島由紀夫の『鹿鳴館』に「曙《あけぼの》がその白髪を染めるのですわ」とあるように、「白髪《はくはつ》」は白くなった頭髪全体をさす。それに対し、「しらが」は「しらがを抜く」のように、白い毛の一本ずつを意識する用法が多い。「外人」も「外国人」も本来の意味は同じだが、「外人墓地」のように「外人」には欧米人の連想が強い。その語に差別意識が感じられるとして使用が制限されるようになり、その後は中国や韓国からの留学生の数も増大して、主に「外国人」が使われるようになってからはアジア人が多く含まれるようになった。そういう歴史的な事情も働いて、語感の差が生じた。

「天気」が晴雨を中心に見た感じが強いのに対して、「天候」は気温や湿度や風などを総合的に見た感じがある。「客間」に比べ、「応接間」は洋室の雰囲気が強く、「応接室」となると会社の一室を連想させやすい。「机」はどこでも違和感なく使えるが、「デスク」は企業の事務用の机をさし、よほど気どった人以外学校や家庭では使わない。

「飲み物」は幅広く使えるが、「ドリンク」はファストフードの店の紙コップ入りか自動販売機の容器入りのイメージが濃く、緑茶はもちろんコーヒーでも紅茶でも家庭でいれたものには使いにくい。日本酒やワインやウイスキーなどには通常用いず、レストランなどではアルコールの入っていない飲み物を「ソフトドリンク」と言う。「お飲み物」という意味で、「ドリンクは何になさいますか」と客に尋ねることもある。そういう意味では業界用語に近い。

「芸術」ということばに比べ、「アート」という語には軽く斬新な語感があり、「モダンアート」「ポップアート」のように用いる。通常そこに文学は含まれず、音楽の連想も薄い。「貯金」は郵便局を連想させるほか、「たんす貯金」や「貯金箱」などと使うが、「預金」という語はほとんどの場合に銀行を連想させ、それ以外にはなじまない。「時刻」は時の一点だけをさし、「時間」は時刻と時刻との間をもさす。広く使える「料理」に比べ、「調理」は専門的な雰囲気が強く、「鍋料理」「郷土料理」のように出来上がった物をさす用法はない。

「艶《つや》」が人肌や髪の毛や果物、木製の家具などのやわらかい物になじむのに対し、「光沢」は金属類・宝石・陶磁器・ガラスなど硬い物体の表面の反射光をイメージさせやすい。また、「声に艶がある」「芸に艶が出る」「人柄に艶を加える」のような例に「光沢」は用いられず、この語には比喩的な広がりがない。「手段」は「常套手段」「非常手段」のように、「方法」のうち具体的で小規模な部分に使われる傾向がある。同様に、「言行」は全体としてとらえた感じで、「言動」は個々の発言や行動を問題にしている感じが強い。「転居」や「転宅」が個人の家を連想させるのに対し、「移転」は会社や事業所などを連想させやすい。

「力仕事は不得手だ」「不得意科目」というように、「不得手」や「不得意」は技術的に一定の水準に達していない場合に使うが、「苦手」は仮に巧みにこなす能力があっても心理的な負担などがあって避けたい場合にも使う。「子供は苦手だ」「人前でしゃべるのは苦手だ」というふうに、単に慣れていない場合にも使う。「重要」が「重要書類」「重要事項」のように評価を示すのに対し、「重大」は「事は重大だ」のように、好ましくない状態に対して当事者の責任を問う感じの用法が目立つ。「唖然」も「呆然」も似たような状態をさすが、前者は瞬間的で、後者は時間的にやや長い感じがある。「安心」は最初からそういう状態のこともあり、また、長く続くこともあるが、「安堵」は心配事が消えたときに用いる。

「住宅」は「建売住宅」のように人がまだ住んでいなくても使え、「住居」は「竪穴式住居」なども言うように、建造物より生活の場という点に中心がある。「お家断絶」のように、「いえ」という語には家系や家名の連想があり、「うちの中がひっくりかえっている」「うちでは朝はパンだ」というふうに、「うち」という語には生活感があって家庭を連想させやすい。また、「家屋」となると、「家屋が倒壊する」「家屋を売却する」のように建物自体をイメージさせ、生活の雰囲気は薄い。「表情」や「面持ち」が主として感情が顔に出た場合を言うのに対し、「顔色」は「顔色がいい」のように健康状態が顔に出た場合にも使う。「顔立ち」は目鼻立ちなど生まれつきの顔のつくりをさし、「顔つき」は顔立ちも目つきなどの表情も含まれる。だから顔立ちは簡単に変えられないが、顔つきはとたんに変わることもある。

A54　①ウ　②ア　③ウ

Q55

［複合ニュアンスの語感］

次の①〜③について、それぞれもっともふさわしい表現をア〜ウから選んでください。

①彼女は【ア 感性　イ 感覚　ウ 感受性】が強いから、こんな悲惨な映画には耐えられないだろう。

②いきなりこんな手紙をよこした彼の【ア 気分　イ 心持ち　ウ 気持ち】をはかりかねている。

③祖父の話では、うちの【ア 祖先　イ 先祖　ウ 先代】には偉い人が何人もいるらしい。

最後に、単独の語感ではなく複合的なニュアンスをとりあげよう。これは、どうしてそういう語感が生じるのか、一定の角度からきちんとした説明のしにくい、まさに複合したニュアンスとしか言いようのない多面的な存在である。

「名人」は「名手」や「達人」と似た意味合いで使われるが、それぞれ微妙に違う。「言いわけの名人」「サボりの名人」のように、それ自体に価値のない物事にも違和感なく使える。「名手」は「送りバントの名手」「早碁の名手」など、ある分野の特定の技術に焦点を合わせて用いる傾向があり、到達度も「名人」や「達人」の域には及ばない感じだ。「達人」は「暗算の達人」「料理の達人」などと言うが、技の到達度が「名人」より若干低く、「名手」よりは明らかに高い感じがすると同時に、あくまで技術面を問題にしているだけで、「名人」と違いその道で知られた存在かどうかは問題になっていない。「知られざる名人」より「知られざる達人」のほうが現実みを帯びる。昔のパリのムーランルージュの名物だった「おならの名人」の収入は日曜日には二万フランに達したそうだ。小津映画の『お早よう』にも放屁自在の人物が登場するが、あれは「名手」ぐらいの格づけかしらん?

ほぼ同義の「先祖」と「祖先」にも若干ニュアンスの差がある。「先祖」は「ご先祖様」と言うように個人個人を意識させる具体的なイメージがあり、「祖先」は総合的・抽象的なとらえ方であるため、ともに家系の代々の故人をさす場合でも「祖先」のほうが遠い代の人を連想させやすい。その延長で「人類の祖先」という表現は自然に感じられるが、「人類の先祖は猿だ」という表現は比喩的に感じられ、冗談めいて響きやすい。

「空」と「天」は頭上はるかに広がる巨大な空間をさす点では共通するが、違う点も多々ある。「空」には低空からはるか上空まであるが、「天」は高い部分だけで、「空の彼方」は「天」と置き換えられない。「空」は縦にも横にも広がり、「天」は最上空を面として覆っているというイメージに近い。飛行機が空を飛ぶ間は安心だが、うっかり天を飛んだりすると、吸い込まれて地上の空港に戻れない感じで不安になる。スケールの大きな「天と地」も「空と地」になると一瞬「空き地」に見えて雄大な雰囲気は消える。

「気持ち」は「先方の気持ちが量りかねる」のように、思考内容を含む広い意味合いで用いる。「心持ち」は「ほめられて悪い心持ちはしない」のように、その時々の気分をさすことが多く、複雑な思考内容にはぴったりしない。一方、「気分」は「気分転換」「気分を害する」のような快・不快に関する気持ちや、「熱が下がって気分がいい」のように健康状態に関連した生理的な情緒をさすことが多い。「心地」もそれに似ているが、健康面よりも「天にも昇る心地」のように快・不快の一時的な状態をさす傾向が強い。

意味のよく似た「感受性」と「感性」とを比べると、前者は方面や対象で違う個々の感覚を問題にしている感じが強く、後者は感覚を個人単位に総合的にとらえた感じがある。また、前者は外界の刺激に心を動かされる受け身の感覚を取り上げている感じが強く、後者は刺激に敏感に反応する積極的かつ能動的な働きを含む直観力をさし、悟性や理性と対立する。

「あっさり」と「さっぱり」の語感の差も単純には割り切れない。「あっさりした料理」と言うと白身の魚や鮑《あわび》の刺身などがぴったりするが、「さっぱりした料理」となるとサラダや酢の物や梅干などが連想される。「あっさりした化粧」と言えば口紅や白粉《おしろい》を厚く塗りたくっていない軽い化粧を連想させるが、「さっぱりした化粧」のほうは口紅や白粉の濃淡というよりも、髪型や衣装を含めた清潔感が前面に立つ。「あっさりした性格」は熱中するほど物事に深くのめり込まない、ものに対するこだわりの少ない人を連想しやすく、「さっぱりした性格」は物事に熱中してもそれが長持ちせず、いつまでもくよくよ悩んだり根にもったりしないタイプの人を思わせる。このような感じの違いも単純に一つの角度からは説明しにくい。

「はじめに」でちょいとふれた「ちょいと」は、「少し」より日常会話的な「ちょっと」の若干くずれた形だが、あの語感はそれだけでは説明しきれない。畏敬する志賀直哉の口癖だったこともあってか、小津安二郎監督の映画によく出てくる。最近は使用する人の幅がかなり狭くなったが、小津映画のせりふを調べると、かつては男女ともよく使ったことがわかる。といっても、子供はあまり使わなかったようだし、田舎から出て来たばかりの人や生真面目な紳士などとはイメージが合わないのか、そういう役柄の人は実際に使っていない。小津映画の分析結果をまとめると、都会的で少しばかり頽廃《たいはい》的な街に暮らす、どことなく垢抜けたセンスを感じさせる人が、いくぶん親しみをこめて、やや甘えた調子で使う、いささか崩れた感じの小粋な響き、とでもいうべき複合的な語感となる。

A55　①ウ　②ウ　③イ

コラム 6 ――笑いのニュアンス

おかしみにも質感の違いがある。〈ジョーク〉は基本的に人を楽しませるためのものだ。「最初はグー、お前はパー」とか、「酒に交われば赤くなる」とかといった当意即妙の冗談や、魚屋が「司」という漢字を「同じくという字を片身おろして、骨付きのほう」と説明したという小咄はそれにあたる。「あたしが結婚すると十人の男性が不幸になるわ」という自慢に「十回も結婚する気か」と応じる笑い話などはイギリス風の〈ウイット〉で、鋭い攻撃より皮肉をこめた巧妙な表現で反駁《はんばく》を試みる一見穏やかなところに本来の姿がある。

フランス風の〈エスプリ〉は、周囲を気にしたりもったいぶったりせず、辛辣《しんらつ》で毒のある表現で気の利いた深みを示すところにその特徴があるという。河盛好蔵『エスプリとユーモア』に出てくる「ポアンカレはなんでも知っているが、なにひとつわからない……ブリアンはなんにも知らないが、なんでもわかる」というクレマンソーのことばなどは有名である。土屋賢二の『汝みずからを笑え』で、オランウータンは知的な風貌をしているところから「森の哲学者」と呼ばれるとし、こうまで知的な顔をした哲学者はいないと展開するのはそれに近い。「捨てる人は拾わない、捨てない人が拾っている」という公衆道徳の標語も似たような性格の笑いかもしれない。なかなかの出来ばえだが、なるほどそのとおりだと感心するのはなぜか、ふだん拾っている人ばかりのような気がする。

本来の意味での〈ユーモア〉は笑いと涙が背中合わせになった人間味溢れるしみじみとしたおかしさに本領がある。小津安二郎監督の映画『彼岸花』に「モーニングだってまごつくわよ。今日お目出度《めでた》で明日はお葬式《とむらい》じゃ」という田中絹代のせりふがある。祝儀と不祝儀に同じ衣装を着る慣習の不可思議。そして、最後の映画『秋刀魚《さんま》の味』にはこんな場面がある。笠智衆の演ずる平山が岩下志麻の演じるその娘の結婚披露宴のあと、足元をふらつかせながら馴染みのバーに立ち寄ると、そのモーニング姿に目をとめた岸田今日子の演ずるマダムが「今日はどちらのお帰り？ お葬式ですか」と軽い気持ちで声をかけ、「ウーム、ま、そんなもんだよ」と応じるシーンだ。ふだんなら冗談になるやりとりだが、娘を嫁がせ一人暮らしの始まる今夜の老人にとって、それはひんやりした本音かもしれない。娘の新しい旅立ちは親との別離でもあり、娘の幸福感は親の喪失感とともに実現する。観客は一瞬笑いながら、人と人との出会いと別れは背中合わせになっていて、婚礼と葬式という慶弔の二大行事がこのように心の奥底で通い合うものであった現実にはっとする。

「ジョーク」と「ウイット」と「エスプリ」とこの高度な笑いの「ユーモア」という四語それぞれの感触の違いも、こんなふうに〈複合ニュアンス〉として説明するほかはない。

結び　日本語の語感を考える——〈体系〉づくりの試み

「意味」の意味とは

ことばには形と意味がある。その「ことば」という語を例にするなら、「kotoba」と発音し、「ことば」「コトバ」「言葉」「詞」などと書く部分がその「形」であり、人の感情・意志・思考内容などを伝えるための音声や文字連続をさす部分がその「意味」になる。「むずかしい」と「むつかしい」、「去年」と「昨年」は、それぞれ形は違うが意味は同じであり、「山が高い」の「高い」と「値段が高い」の「高い」とは、形は同じだが意味が違う。

それでは、「意味」ということばの意味とは何か。ことばについて考える場合には、「言語・表情・身振り・動作や記号・作品などのように人間の感覚でとらえうる形で表されたものに含まれている内容や表現者の意図」をさし、「意味不明」「意味をくみとる」「この表現には深い意味がある」のように用いる。これが主要な基本的意味であり、意味の中心をなす。その表現によって相手に伝わるはずの情報だ。たとえば「医者」という語は「人体を診察して病気や怪我の診断を下し、患部を治療することを職業とする人」などと定義されて国語辞典に載っている。産科医の場合は「病気や怪我」「患部を治療」のあたりの表現に違和感があるにしろ、内科でも整形外科でも精神科でもたいていの医者にはあてはまる。これが「医者」ということばの〈一般的意味〉であり、〈辞書的意味〉と呼ぶこともある。

「意味」のひろがり

しかし、現実の場面の中で「医者」という語は必ずしもこの定義どおりに使われない。日常生活で「医者を呼ぶ」「医者にかかる」「医者に通う」などと言うときには、そのような医者一般をさすわけではない。ある科の専門医にしぼられ、地理的に近いとか掛かり付けであるとかという条件も働いて、特定の一人をさす例も多い。場面によっては獣医を意味することもあるだろう。このように実際の場面や状況によって発揮される個別の意味を特に〈文脈的意味〉と呼んで区別する。その時その時の意味であるところから、〈臨時的意味〉とも呼ばれる。

「笑う」と「泣く」とは明らかに意味が違う。「笑う」と「笑った」も意味が少し違う。が、ここで「違う」と判断しているそれぞれの「意味」という語には微妙にずれがある。前者の違いを〈語彙的意味〉と呼び、後者の違いを〈文法的意味〉と呼んで区別することもある。「笑う」「笑っている」「笑った」に共通するのが〈語彙的意味〉であり、「笑った」と「泣いた」、「笑っている」と「泣いている」、「笑わせる」と「泣かせる」、「笑われる」と「泣かれる」、「笑わない」と「泣かない」という組み合わせに共通するのが、それぞれ完了・継続・使役・受身・打消といった〈文法的意味〉だということになる。

「ふれる」と「さわる」のように、よく似た意味を表すことばでも、細かく調べるとそれぞれの用法にはいくらか違いがあり、日本人はその微妙な意味の差に応じて使い分けていることがわかる。一方、「あした」と「あす」と「明日《みょうにち》」など、はっきりとした意味の違いがほとんどなくても、いつどれを使ってもいいわけではない。日本人は意味の微差だけでなく、そういう微妙な感覚の違いに応じた使い分けにも細かく神経をつかう。

一方で、何をさすかという、ことばの指示対象を問題にし、他方で、その情報が相手にどんな感じで伝わるかという、ことばの感触を問題にする。何をさすか、どう伝わるか、ということの二つの異質な違いを、ともに「意味」の問題として一括して考える立場もある。その場合は、ふつうに「意味」ということばでさしている前者を〈中心的意味〉と呼んで中央に置き、一般に「語感」ということばでさしている後者を〈周辺的意味〉としてその外側に位置づける。中心的意味のほうは、何を指し示すかを問題にしているので〈指示的意味〉とも呼ぶ。また、ことばが指し示す対象や概念を問題にしているところから〈事柄的意味〉〈対象的意味〉〈概念的意味〉と呼ぶこともある。

〈中心的意味〉と〈周辺的意味〉

〈中心的意味〉はその語が何を指し示すか、というハードな論理的情報であり、〈周辺的意味〉は、その語が相手にどういう感じを与えるか、というソフトないわば心理的情報である。「はじめに」でも述べたように、この本では世間一般の用語に従って、前者を「意味」、後者を「語感」と呼んでいる。

ある単語が何をさすかという論理的情報と、その語がどんな感じで相手に受けとられるかという心理的情報とは、理論的に別々のものだ。両者は例外なく区別できそうに見える。たとえば、「美女」という語は女性に限り、男性をさすことはないから、いくら容姿端麗でしとやかな立居振舞《たちいふるまい》を示す相手でも、それを男性に使えば完全な誤りだ。「ハンサム」は逆に日本語ではもっぱら男性に対して用いる語であり、いくら勇壮活発な相手でも、それを女性に使えばにべもなく誤用と判定される。その点、どちらもまさに意味の問題であり、語感の問題ではない。

「美人」も今では女性に限られる。が、この語は井原西鶴の『世間胸算用』に「玉のやうなる美人」を「もらひまして聟《むこ》にいたします」とあるように、昔は美男子にも使われた。となると、現代でも男に使うのは完全な誤りとまで断定できるかどうかは微妙だ。また、本来は同じ対象をさすはずなのに、なぜか「庭」より「庭園」のほうが広いイメージがわく。とはいえ「庭園」も「庭」だから、このあたりは意味の問題から若干はみ出す。

表現する側の条件についても同じことが言える。「おふくろ」は男性が、「殿方」は女性が主に使ってきたが、それでは女が「おふくろ」と言い、男が「殿方」と言えば誤用になるかというと、そんなことはない。「おっぱい」や「だっこ」は主に幼児が使うが、大人でも使わないことはない。若者が「ズボン」と言い、逆に年寄りが同じ物を「パンツ」と言っても、周囲がおやっと思うだけで、別に誤用になるわけではない。性別においても年齢その他についても、ことばの使用傾向や連想の強さというものには少しずつ差があり、全体として大きな幅に広がっている。

つまり、その違いが必須条件であれば「意味」の問題だが、傾向という段階にとどまる間は「語感」の問題に入る。しかし、意味・用法の細かな部分は語感と連続的であり、現実には明確な区別のむずかしい例も多い。「語感」にそういう「意味」の微妙な問題を含めて「ニュアンス」と呼ぶこともあるのはすでに述べたとおりである。

「語の感じ」を分類する――語感体系の見取図

周辺的意味として一括される、語の感じにはいろいろな性質のものが含まれる。その代表は改まりの程度という〈文体的レベル〉である。その点では、「石」「顔」「線」「使う」「人間」「母親」「丸い」「雪」「礼儀」「若い」といった多くの〈日常語〉をベースとし、より改まったものとして「麗しい」「仮眠」「肢体」「嘆ずる」「伸びやか」「白日」といった〈文章語〉、よりくだけたものとして「あっけらかん」「うろちょろ」「ちっぽけ」「ちょっぴり」「ひん曲げる」「へんてこ」「みょうちきりん」といった〈俗語〉を位置づける三段階が一般的だ。

〈文章語〉の最上部のうち、「馬」に対する「駒」、「鶴」に対する「田鶴《たづ》」のほか、「いにしえ」「うたかた」「さすらい」「たおやか」「まどか」「夕まぐれ」といった優美な和語の一群を〈雅語〉として独立させ、さらに〈日常語〉と〈俗語〉との間に「あぶれる」「あべこべ」「おんなじ」「しくじる」「せしめる」「ちょこまか」「てんで」といった〈口頭語〉を立てて計五段階を設けることもある。

改まりを問題にするこの〈文体的意味〉とは別に、同じ雅語的なレベルでも「あかつき」「しののめ」といった和語系統と「払暁《ふつぎょう》」「黎明《れいめい》」といった漢語系統とでは硬さが違う、といった〈語の感触〉もある。「駅」と「停車場」、「牢屋」「監獄」「刑務所」、「ビフテキ」と「ステーキ」、「現金」と「キャッシュ」などの違いに見られる〈時代性〉もある。

また、その語の好感度に着目し、好き嫌いの感情や、その語からの連想がいいとか悪いとかというあたりを含む〈感情的意味〉をとりあげることも多い。そのほか、「桜」という語から潔さ、「菊」という語から皇室を連想し、「ヒロシマ」という表記が原爆の忌まわしい記憶を呼び覚ますような〈文化的意味〉など、さまざまなものが考えられる。が、いまだその全体像の詳細は明らかになっていない。

さらにやっかいな問題は、ある単語にまつわる語感はつねに一つだけとは限らないことである。たとえば、「払暁」ということばは、表現主体として高年齢の人間を推測させるとともに、いかにも漢語的で硬く、文章語レベルであると同時に、古風でやや優雅でもあり、時にはある種の気どりも感じさせる、というふうに、一つの単語に複数の語感要素が働くケースは現実にけっして少なくない。というより、いくつかの語感をあわせ持っているのがむしろ自然な姿なのかもしれない。

本書では、そうした多面的な存在である語感の世界を、表現する《人》に関する語感と、表現される《もの・こと》にかかわる語感と、表現に用いる《ことば》にまつわる語感、という三系統に分けて考えてきた。

最後に、ある種の語感の発揮される可能性がある、そういう個々の要素を列挙し、その分類構想を【語感要素一覧】として整理して示す。ここでは便宜上、『日本語 語感の辞典』の巻末に付した「語感体系表」を転載し、それに語例を追加した形にしてある。本書の第1〜3部でさまざまな具体例をあげてきたが、それらはこの一覧の語感要素の分類構想のデッサンに沿って展開している。語感世界の全体像を描くスケッチとなることをめざしたものである。

むろん、語感は時代により風土によって変わるし、人によっても違う。厳密に言えば、この素描は、山形県鶴岡市に生まれ育ち、国立国語研究所や早稲田大学に長く勤務して文体論・表現論の分野の著書や各種の辞典類を執筆してきた七十歳代の男が、二十一世紀初頭に抱いた語感を写生した個性的な一葉にすぎない。その多くは大部分の日本人と共通するはずであるが、世代差や地域差や個人差もあり、読者にとって必ずしも同感できない例も少なくはないと思われる。語感が各自とぴたりと一致しなくても、どちらが正解という性質の問題ではないから、本書の見解を鵜呑みにする必要はまったくない。

この語感解説を読んで、ある部分はまさにそのとおりだと思う。ある部分は、言われてみればそうかもしれないと思う。また、ある部分は、いや、自分とは違うと思うだろう。第一の場合は、自分だけの勝手な思い込みでなく世間に通用することが確認できる。第二の場合は、そういう発見の累積で自分の語感を豊かに育てることにつながる。

そして、第三の場合、すなわち、説明に感覚的に納得できないとき、自分とどこがどう違うのかを鮮明にし、この本の記述を刺激にしてあれこれと思いをめぐらす。それこそが何よりの〝語感トレーニング〟として独自の言語感覚を研ぎ澄ます着実な一歩一歩となるだろう。

【語感要素一覧】

I 表現主体の陰翳《いんえい》

1 性別 男(俺 いやあ 屁 おやじ おふくろ)／女(あたし あら かしら 殿方 お下地)

2 年齢 幼児(あんよ ねんね)／子供(げんこ うんち)／若年層(キッチン シングルマザー)／高齢者(パーマ屋 ライスカレー アベック)

3 出身地 (こける しんどい しばれる なんぼ はんなり)

4 職業 政治家(関係書類を提出をする)／外交関係(カードを切る)／法律関係(遺言《いごん》 婚姻)／理科系(コンピュータ 変性)／医学関係(クランケ オペ)／建築関係(図面に落とす)／伝統芸能(師匠 梨園)／映画界(ロケ班 小津組)／マスコミ・芸能界(スクープ ダメ出し)／粋筋(おつくり 素人衆)／相撲界(三番稽古 ごっつぁん)／仏教関係(殺生 功徳)

5 所属集団 医者(転失気)／大名(ささ)／僧侶(般若湯)／盗人仲間(すけ とんずら)／暴力団関係(ショバ代 ムショ帰り)／警察関係(ホシ 前を洗う)／マスコミ(ブンヤ 番記者)

6 思想傾向 (大東亜戦争 敗戦 体制側)

7 立場 (報告 税 給与 授ける)

8 教養 (汚名挽回 一所懸命 独擅場)

9 誤解予防 (ワタクシ立 バケ学 買春)

10 焦点 (素養・たしなみ 遠ざかる・遠のく 古木・老木 途中・中途)

11 強調 (どうぞ・どうか 仕返し・復讐 たたく・ひっぱたく)

12 驚き (もってのほか 昼日中 ていたらく)

13 自負 (ピッツァ カリー 文士)

14 気どり (心あてに とこしなえ ティーム)

15 マイナス評価 (手口 言いぐさ 古くさい)

16 直接待遇 (拝見 おっしゃる お召しになる 清聴)

17 間接待遇 (いただく 申し上げる)

18　丁重　（いつぞや　いかほど　はあ）
19　謙遜　（物書き　存じ上げる　愚妻）
20　ぞんざい　（つら　めし　かかあ　やけくそ）
21　軽蔑　（ごねる　ほざく　お巡《まわ》り）
22　差別意識　（裏日本　女中　近眼）
23　忌避　（他界　はばかり　月のもの　下半身）

Ⅱ　表現対象の履歴

1　性別　男（医者　凜々しい　軟弱　恰幅がい い）／女（清楚　豊満　すれっからし　金切り声）
2　年齢　幼児（むずかる　愛くるしい）／子供（利発　悪さ）／若年（紅顔　清純）／大人（しとやか　童心）／非老齢（意地っ張り　有為）／中高年（老獪《ろうかい》　若作り）／高齢（矍鑠《かくしゃく》）
3　特徴　（霞ヶ関　永田町　かもしか　出目金）
4　伝統文化　（狸　狼　烏　桜　菊）
5　イメージ　（寺院　いでゆ　こうば　王国　母校　乙女）
6　指示形態　（フイルム・フィルム　ホテル・旅館・宿屋　教科書・テキスト　ごはん・めし・ライス）
7　規模　（造園・庭造り　飛行場・空港）
8　程度　（横領・着服・猫糞《ねこばば》　アマチュア・ノンプロ　注意・警戒　違法・不法・非合法）
9　使用傾向　（跳ぶ・跳ねる　目掛ける・目指す　争う・競う）
10　連想　（看護・看病　本棚・書棚・書架　広島・ヒロシマ　森・林　まき・たきぎ）
11　雰囲気　（会・会合　社会・世界　天才・秀才・俊才　着色・彩色）

Ⅲ　使用言語の体臭

1　緊張度　口頭語（葉っぱ　やっぱり）／くだけた会話（しくじる　てんで）／俗語（やっぱ　でっかい）／幼児語（おべべ　ほっぺ）／文章語（佳人　用いる）／正式（火災　印鑑）／略語（スト　なつメロ）／改まり（明年　差し控える）
2　時間性　古語的（いみじくも　やんごとない）

／文語的(ありなしべし)／廃語的(寄宿舎　職業婦人)／旧称(矩形　ミリバール)／古めかしい(ハンケチ　気散じ)／古風(宿屋　天眼鏡)／斬新(ウイッグ　アポイントメント)／新語(いまいち　まじ)／創作造語(しんめり　生き切る)／新用法(大丈夫　気になる)／流行語(目線　怠慢力)

3　品格　雅語的(みどりご　うたかた)／優雅(語らう　たそがれ)／上品(あたくし　たしなむ)／粗野(屁　喰らう)

4　間接性　露骨(強姦　小便)／婉曲(下腹部　小用)

5　硬軟　軟らかい(便り　姿)／硬い(最たる　爾後)／格式ばった(もしくは　取り揃える)／構えた感じ(われら)／大仰(未曽有　挙行)／勢い(のめる・つんのめる)／積極性(取り戻す・取り返す　学習・勉強)

6　好悪　プラスイメージ(瞳　田園)／評価(女・女性　新顔・新人)／潔さ(桜　散り際)／マイナスイメージ(小賢しい　しこたま)／不快感(どぎつい　むしかえす)／悪感情(ていたらく)／不適感(昼日中)／抵抗感(女)／取り澄ました(あす　存外)／気障(キャメラ)／宣伝的(特長)

7　印象　和風(なきがら　まどか)／ひそやか(片隅)／繊細(か細い)／なまめかしい(艶《えん》)／軽い(仕返し　ラッキー)／重大(容態　腫れ物)／凜然(文士)／新鮮(センス)／趣味的(憶い出　録る)／分野限定(ルーキー)／使用頻度少(印章)

8　情趣　雅やか(みぎわ　ひもとく)／美化(銀盤　天空)／文学的(夕べ　えにし)／詩的(ときめき　残照)／おもむき(陽光　夕景色)／抒情的(いつしか　偲ぶ)／情緒的(昼下がり　行きずり)

9　感触　郷愁(揺《ゆ》り籃《かご》　乳母車)／親しみ(母さん　へたっぴい)／思い入れ(母校　はかない)／家庭的(玉子)／くつろぎ(ひととき　湯上がり)

10　雰囲気　古典的(撰者)／歴史的(法皇)／学問的(分科　性向)／哲学的(直観　他者)／犯罪のにおい(ばらす)／宗教色(受胎　信徒)／不吉(柩　葬式)／めでたい(松竹梅　鶴亀)

11　主観性　主観的（どえらい　いけ好かない　長ったらしい）／客観的（出身地　尿　食する）

12　具体性　感覚的（むずむず）／具体的（疑る　体験）／抽象的（危うい　けがれる）／即物的（死骸）／事務的（配偶者）

13　季節感　春（淡雪　陽炎）／夏（油照り　端居）／秋（赤とんぼ　秋刀魚）／冬（風花　雪晴れ）

14　位相　専門的（母語　発症　対価　幅員　児童　転位）／出自（ハードル　ゴールイン　勇み足　続投　ダークホース　成金）／方言色（おとつい　むつかしい　こさえる　ざっかけない　たわけ）

15　語の性質　漢語的（漆黒　陥穽　懸隔）／和製英語（パネラー　ハンドル　コンセント　フライパン　オーバーペース）／外来語（アクセス　エッセイ　スニーカー　ベーシック　コレクション）／オノマトペ（どしどし　やきもき　いらいら　ぎくり　そわそわ）／混交語（とらまえる　やぶく）

16　言語的性格　用字（倫敦　ふらんす語　フーゾク）／破裂音（にっぽん　かっさらう）／促音（すっぱ抜く　こっぴどく）／濁音（だぼはぜ　ばか）／造語要素のイメージ（愛欲・獣欲）／接辞のニュアンス（ど田舎　いけ図々しい　もの悲しい　空恐ろしい）

17　多義性　（開店　調べ　名前　服　雇用者）

18　連想　語源の想起（矛盾　蛇足　推敲）／出自の想起（ダークホース　全力投球　成金）／同音語・類音語の連想（A図・エイズ　父さん・倒産）／同訓異語の連想（藪医者・竹の子医者）／比喩的用法の連想（よろめく　しびれる）／滑稽な連想（駅弁大学　新人類　ながら族　草食系）

19　発想　（素っ裸・真っ裸　くるむ・包む　溶かす・溶く　やっと・ようやく）

20　適用範囲　（天気・天候　表情・顔色　外人・外国人　家屋・住居・住宅・いえ・うち）

21　複合ニュアンス　（名手・名人・達人　空・天　気持ち・心持ち　心地・気分　先祖・祖先　あっさり・さっぱり　ちょっと・ちょいと　国語・日本語　ウイット・エスプリ・ユーモア）

文章には人柄がにじみ出る。切れめなく広がる現実――そういう時間的・空間的な連続体から何かをある形に切りとるのは、ほかならぬ作者の表現行為なのだから。

小林秀雄は『Xへの手紙』で「人間世界では、どんなに正確な論理的表現も、厳密に言えば畢竟《ひっきょう》文体の問題に過ぎない」とし、「人間の思想は文学に過ぎ」ず、「現実から立ち登る朦朧《もうろう》たる可能性の煙に咽《む》せ返る様々な人の表情に過ぎない」と断じた。表現がもののとらえ方の反映だとすれば、言語とともに相手に伝達されるのは送り届けようとする情報だけではない。その人間の態度や性格、教養や価値観から、感じ方・考え方に映るその人なりの生き方までが否応なく伝わってしまう。

表現の第一歩はことばの選択だ。伝えたい情報を論理的に正確に表すだけでは不十分で、その語の感触の面でも自分の気持ちにぴったりフィットさせたい。そういう最適の表現をめざして、人はいつも二つの方向から迫ろうとする。一方で意味の面から「菜種梅雨」と「走り梅雨」と「梅雨」と「戻り梅雨」とを区別し、他方で語感の面から「にわか雨」「通り雨」「村雨」「驟雨《しゅうう》」を感じ分けて、求める一語にたどり着く。最適語をしぼりこむ過程で、ハード面の〝意味〟を調べる国語辞典は数多く出ているのに、ソフト面の〝語感〟を探る専門辞典は皆無に等しい。そのアンバランスな欠落を埋めるため、日頃何となく感じている直観的な微差を書きとどめようと思い立ってまとめたのが、昨秋岩波書店から出た『日本語 語感の辞典』である。

本書は、その五十音順配列の辞典において、語感という難物をとらえる背景となった基本的な考え方を略述し、語感要素として想定できる全体像をスケッチして、一般読者にわかりやすく解説したものである。

構成としては、まず意味とは違う語感というものの存在に光をあてて方向づけをしたあと、具体例の各論から入り、ひととおり全景を一望した最後に、日本語の語彙構造における語感の位置づけとその体系を概観するまとめを配した。辞典本体を座右に置いて読んでいただければ興趣も効果も倍増する。そう書きたいのだが、なんだか宣伝じみるので、そっとここだけの話とする。

各項目の入口にキー・クエスチョンを設けたのは編集部のアイディアである。成功していれば岩波新書の小田野耕明編集長、同編集部の古川義子さんのお手柄だ。古川さんは原稿の細部にわたる鋭く建設的なアドバイスなど、まさに奮迅の働きを示された。密にタイアップしてくださった編集局部長の田中正明さん、辞典編集部の加瀬ゆかりさんを含め、岩波書店の方々に心より感謝の気持ちをお伝えしたい。
芽ぶきはじめた花水木につぐみがとまっている。今晩はブルゴーニュのピノノアールあたりがいいかしらん?

二〇一一年ひなまつりの宵に

東京小金井市の自宅にて　中村　明

中村　明

1935年山形県鶴岡市生まれ
1964年早稲田大学大学院修了
現在―早稲田大学名誉教授
専攻―文体論
著書―『比喩表現の理論と分類』(国立国語研究所報告 秀英出版)『日本語レトリックの体系』『日本語の文体』『文章読本 笑いのセンス』『文の彩り』『日本語 語感の辞典』(以上，岩波書店)『作家の文体』『名文』『笑いの日本語事典』(以上，筑摩書房)『日本語の文体・レトリック辞典』(東京堂出版)『小津の魔法つかい』『文体論の展開』(以上，明治書院) ほか

語感トレーニング
――日本語のセンスをみがく55題　　岩波新書(新赤版)1305

2011年4月20日　第1刷発行
2012年4月5日　第4刷発行

著　者　中村《なかむら》　明《あきら》

発行者　山口昭男

発行所　株式会社 岩波書店
〒101-8002 東京都千代田区一ツ橋2-5-5
案内 03-5210-4000　販売部 03-5210-4111
http://www.iwanami.co.jp/

新書編集部 03-5210-4054
http://www.iwanamishinsho.com/

印刷・精興社　カバー・半七印刷　製本・中永製本

ISBN 978-4-00-431305-2　　Printed in Japan

岩波新書新赤版一〇〇〇点に際して

ひとつの時代が終わったと言われて久しい。だが、その先にいかなる時代を展望するのか、私たちはその輪郭すら描きえていない。二〇世紀から持ち越した課題の多くは、未だ解決の緒を見つけることのできないままであり、二一世紀が新たに招きよせた問題も少なくない。グローバル資本主義の浸透、憎悪の連鎖、暴力の応酬——世界は混沌として深い不安の只中にある。

現代社会においては変化が常態となり、速さと新しさに絶対的な価値が与えられた。消費社会の深化と情報技術の革命は、種々の境界を無くし、人々の生活やコミュニケーションの様式を根底から変容させてきた。ライフスタイルは多様化し、一面では個人の生き方をそれぞれが選びとる時代が始まっている。同時に、新たな格差が生まれ、様々な次元での亀裂や分断が深まっている。社会や歴史に対する意識が揺らぎ、普遍的な理念に対する根本的な懐疑や、現実を変えることへの無力感がひそかに根を張りつつある。そして生きることに誰もが困難を覚える時代が到来している。

しかし、日常生活のそれぞれの場で、自由と民主主義を獲得し実践することを通じて、私たち自身がそうした閉塞を乗り超え、希望の時代の幕開けを告げてゆくことは不可能ではあるまい。そのために、いま求められていること——それは、個と個の間で開かれた対話を積み重ねながら、人間らしく生きることの条件について一人ひとりが粘り強く思考することではないか。その営みの糧となるものが、教養に外ならないと私たちは考える。歴史とは何か、よく生きるとはいかなることか、世界そして人間はどこへ向かうべきなのか——こうした根源的な問いとの格闘が、文化と知の厚みを作り出し、個人と社会を支える基盤としての教養となった。まさにそのような教養への道案内こそ、岩波新書が創刊以来、追求してきたことである。

岩波新書は、日中戦争下の一九三八年一一月に赤版として創刊された。創刊の辞は、道義の精神に則らない日本の行動を憂慮し、批判的精神と良心的行動の欠如を戒めつつ、現代人の現代的教養を刊行の目的とする、と謳っている。以後、青版、黄版、新赤版と装いを改めながら、合計二五〇〇点余りを世に問うてきた。そして、いままた新赤版が一〇〇〇点を迎えたのを機に、人間の理性と良心への信頼を再確認し、それに裏打ちされた文化を培っていく決意を込めて、新しい装丁のもとに再出発したいと思う。一冊一冊から吹き出す新風が一人でも多くの読者の許に届くこと、そして希望ある時代への想像力を豊かにかき立てることを切に願う。

（二〇〇六年四月）

岩波新書より

言語

英語で話すヒント　小松達也
仏教漢語50話　興膳　宏
漢語日暦　興膳　宏
語感トレーニング　中村　明
曲り角の日本語　水谷静夫
日本語の古典　山口仲美
日本語の歴史　山口仲美
日本語と時間　藤井貞和
ことばと思考　今井むつみ
漢文と東アジア　金　文京
外国語学習の科学　白井恭弘
日本語の源流を求めて　大野　晋
日本語の教室　大野　晋
日本語練習帳　大野　晋
日本語の起源〔新版〕　大野　晋
日本語の文法を考える　大野　晋
エスペラント　田中克彦
名前と人間　田中克彦

言語学とは何か　田中克彦
ことばと国家　田中克彦
英文の読み方　行方昭夫
漢字伝来　大島正二
ことば遊びの楽しみ　阿刀田高
日本の漢字　笹原宏之
日本の英語教育　山田雄一郎
ことばの由来　堀井令以知
コミュニケーション力　齋藤　孝
聖書でわかる英語表現　石黒マリーローズ
横書き登場　屋名池誠
言語の興亡　R.M.W.ディクソン　大角　翠訳
中国現代ことば事情　丹藤佳紀
ことば散策　山田俊雄
ことばの履歴　山田俊雄
日本人はなぜ英語ができないか　鈴木孝夫
教養としての言語学　鈴木孝夫
日本語と外国語　鈴木孝夫
ことばと文化　鈴木孝夫

心にとどく英語　マーク・ピーターセン
日本人の英語　正・続　マーク・ピーターセン
翻訳と日本の近代　丸山真男　加藤周一
日本語ウォッチング　井上史雄
仕事文の書き方　高橋昭男
日本語はおもしろい　柴田　武
日本の方言　柴田　武
英語の感覚　下　大津栄一郎
実戦・世界言語紀行　梅棹忠夫
日本語〔新版〕上・下　金田一春彦
外国語上達法　千野栄一
記号論への招待　池上嘉彦
外国人とのコミュニケーション　J.V.ネウストプニー
翻訳語成立事情　柳父　章
日本語と女　寿岳章子
漢字　白川　静
四字熟語ひとくち話　岩波書店辞典編集部編
ことわざの知恵　岩波書店辞典編集部編

教育

大学とは何か	吉見俊哉
赤ちゃんの不思議	開一夫
日本の教育格差	橘木俊詔
社会力を育てる	門脇厚司
子どもの社会力	門脇厚司
子どもが育つ条件	柏木惠子
障害児教育を考える	茂木俊彦
障害児と教育	茂木俊彦
誰のための「教育再生」か	藤田英典編
教育改革	藤田英典
教育力	齋藤孝
思春期の危機をどう見るか	尾木直樹
子どもの危機をどう見るか	尾木直樹
学力を育てる	志水宏吉
幼児期	岡本夏木
子どもとことば	岡本夏木
学問と「世間」	阿部謹也
「わかる」とは何か	長尾真
学力があぶない	大野晋 上野健爾
ワークショップ	中野民夫
ニューヨーク日本人教育事情	岡田光世
子どもとあそび	仙田満
子どもと学校	河合隼雄
子どもの宇宙	河合隼雄
子どもと自然	河合雅雄
教育とは何か	大田堯
からだ・演劇・教育	竹内敏晴
教育入門	堀尾輝久
日本教育小史	山住正己
乳幼児の世界	野村庄吾
自由と規律	池田潔
私は二歳	松田道雄
私は赤ちゃん	松田道雄

心理・精神医学

自殺予防	高橋祥友
だます心 だまされる心	安斎育郎
痴呆を生きるということ	小澤勲
〈こころ〉の定点観測	なだいなだ編著
純愛時代	大平健
やさしさの精神病理	大平健
豊かさの精神病理	大平健
快適睡眠のすすめ	堀忠雄
夢分析	新宮一成
精神病	笠原嘉
生涯発達の心理学	高橋惠子 波多野誼余夫
心病める人たち	石川信義
コンプレックス	河合隼雄

岩波新書より

日本史

シリーズ日本古代史
農耕社会の成立　石川日出志
ヤマト王権　吉村武彦
飛鳥の都　吉川真司
平城京の時代　坂上康俊
平安京遷都　川尻秋生
摂関政治　古瀬奈津子
勝海舟と西郷隆盛　松浦玲
坂本龍馬　松浦玲
新選組　松浦玲
古代国家はいつ成立したか　都出比呂志
王陵の考古学　都出比呂志
渋沢栄一 社会企業家の先駆者　島田昌和
前方後円墳の世界　広瀬和雄
木簡から古代がみえる　木簡学会編
中世民衆の世界　藤木久志
刀狩り　藤木久志
中国侵略の証言者たち　岡部牧夫・荻野富士夫・吉田裕編
日本の軍隊　吉田裕
昭和天皇の終戦史　吉田裕
清水次郎長　高橋敏
国定忠治　高橋敏
江戸の訴訟　高橋敏
漆の文化史　四柳嘉章
法隆寺を歩く　上原和
鑑真　東野治之
遣唐使　東野治之
正倉院　東野治之
木簡が語る日本の古代　東野治之
平家の群像 物語から史実へ　高橋昌明
シベリア抑留　栗原俊雄
戦艦大和 生還者たちの証言から　栗原俊雄
日本の中世を歩く　五味文彦
藤原定家の時代　五味文彦
アマテラスの誕生　溝口睦子
中国残留邦人　井出孫六
創氏改名　水野直樹
証言 沖縄「集団自決」　謝花直美
幕末の大奥 天璋院と薩摩藩　畑尚子
金・銀・銅の日本史　村上隆
武田信玄と勝頼　鴨川達夫
中世日本の予言書　小峯和明
「お墓」の誕生　岩田重則

シリーズ日本近現代史
幕末・維新　井上勝生
民権と憲法　牧原憲夫
日清・日露戦争　原田敬一
大正デモクラシー　成田龍一
満州事変から日中戦争へ　加藤陽子
アジア・太平洋戦争　吉田裕
占領と改革　雨宮昭一
高度成長　武田晴人
ポスト戦後社会　吉見俊哉

岩波新書より

岩波新書より

徳政令　笠松宏至
日本文化史〔第二版〕　家永三郎
満鉄　原田勝正
平将門の乱　福田豊彦
神々の明治維新　安丸良夫
茶の文化史　村井康彦
世界史のなかの明治維新　芝原拓自
大工道具の歴史　村松貞次郎
漂海民　羽原又吉
陰謀・暗殺・軍刀　森島守人
忘れられた思想家 上・下　E・ハーバート・ノーマン 大窪愿二訳
昭和史〔新版〕　遠山茂樹 今井清一 藤原彰
日韓併合小史　山辺健太郎
山県有朋　岡義武
福沢諭吉　小泉信三
豊臣秀吉　鈴木良一
源頼朝　永原慶二
京都　林屋辰三郎

奈良　直木孝次郎
日本国家の起源　井上光貞
日本の歴史 上・中・下　井上清
米軍と農民　阿波根昌鴻
岩波新書の歴史 付・総目録 1938–2006　鹿野政直

岩波新書より

文学

和本のすすめ　中野三敏
老いの歌　小高賢
魯迅　藤井省三
ラテンアメリカ十大小説　木村榮一
王朝文学の楽しみ　尾崎左永子
正岡子規 言葉と生きる　坪内稔典
季語集　坪内稔典
俳人漱石　坪内稔典
文学フシギ帖　池内紀
ぼくのドイツ文学講義　池内紀
ヴァレリー　清水徹
白楽天　川合康三
ぼくらの言葉塾　ねじめ正一
季語の誕生　宮坂静生
和歌とは何か　渡部泰明
ミステリーの人間学　廣野由美子
小林多喜二　ノーマ・フィールド

自負と偏見のイギリス文化 J・オースティンの世界　新井潤美
いくさ物語の世界　日下力
漱石 母に愛されなかった子　三浦雅士
中国の五大小説 下 水滸伝・金瓶梅・紅楼夢　井波律子
中国の五大小説 上 三国志演義・西遊記　井波律子
三国志演義　井波律子
歌仙の愉しみ　大岡信・岡野弘彦・丸谷才一
新 折々のうた 総索引　大岡信編
新 折々のうた 8・9　大岡信
新 折々のうた 2　大岡信
第三～十 折々のうた　大岡信
折々のうた　大岡信
中国名文選　興膳宏
日本の神話・伝説を読む　佐佐木隆
アラビアンナイト　西尾哲夫
翻訳家の仕事　岩波書店編集部編
グリム童話の世界　高橋義人

小説の読み書き　佐藤正午
魔法ファンタジーの世界　脇明子
笑う大英帝国　富山太佳夫
森鷗外 文化の翻訳者　長島要一
チェーホフ　浦雅春
英語でよむ万葉集　リービ英雄
源氏物語の世界　日向一雅
古事記の読み方　坂本勝
花のある暮らし　栗田勇
一億三千万人のための小説教室　高橋源一郎
ダルタニャンの生涯　佐藤賢一
漢詩　松浦友久
伝統の創造力　辻井喬
フランス恋愛小説論　工藤庸子
太宰治　細谷博
陶淵明　一海知義
隅田川の文学　久保田淳
芥川龍之介　関口安義
漱石を書く　島田雅彦

岩波新書より

芸術